dtv

In einer locker verknüpften Folge von Episoden und kleinen Erzählungen, von denen dieses Buch eine Auswahl bietet, hält Mark Twain die Eindrücke seiner Reise durch Deutschland im Jahr 1878 fest. Er stellt sich selbstironisch als Reisenden dar, der das Land zu Fuß durchstreifen will, dann aber jede Gelegenheit wahrnimmt, auf bequemere Weise voranzukommen. Für ihn mag die Reise ein Abenteuer gewesen sein, für den Leser sind seine Berichte darüber das wahre Vergnügen: Liebevoll die Betrachtung mancher Landstriche, von beißendem Spott die Auslassungen über die miese Qualität des beliebten Rheinweins oder die Wagner'schen Opern. Und was die unberechenbare deutsche Sprache angeht, in der eine Rübe weiblich ist, nicht aber ein Mädchen, und Sätze unverständlich bleiben, weil das Verb erst fern vom Satzanfang auftaucht, so treibt sie ihn schier zur Verzweiflung.

Mark Twain (1835–1910) ging vielen Berufen nach, arbeitete u. a. als Drucker und Journalist, als Lotse auf dem Mississippi sowie als Reporter. Er ist ein Meister subtiler Pointen und feiner Ironie, ein kritischer Betrachter der gesellschaftlichen Verhältnisse und einer der großen amerikanischen Autoren.

Harald Raykowski unterrichtete englische und irische Literatur an der Universität Frankfurt a. M. und hat rund drei Dutzend Werke der englischsprachigen Literatur übersetzt, viele davon für die Reihe <u>dtv</u> zweisprachig.

Mark Twain

Germany and the
Awful German Language

Deutschland und die
schreckliche deutsche Sprache

Ausgewählt und übersetzt von
Harald Raykowski

dtv

Ausführliche Informationen über
unsere Autoren und Bücher
www.dtv.de

Originalausgabe 2019
dtv Verlagsgesellschaft mbH & Co. KG, München
Die Übersetzung ist urheberrechtlich geschützt.
Sämtliche, auch auszugsweise Verwertungen bleiben vorbehalten.
Umschlaggestaltung: dtv
unter Verwendung einer Illustration von Andreas Besser –
DIE ILLUSTRATOREN CORINNA HEIN GMBH
Satz: Greiner & Reichel, Köln
Druck und Bindung: Druckerei C.H.Beck, Nördlingen
Gedruckt auf säurefreiem, chlorfrei gebleichtem Papier
Printed in Germany · ISBN 978-3-423-09546-4

Mark Twain

Germany and the
Awful German Language
Deutschland und die
schreckliche deutsche Sprache

A TRAMP ABROAD

Departure

One day it occurred to me that it had been many
years since the world had been afforded the spectacle
of a man adventurous enough to undertake a journey through Europe on foot. After much thought,
I decided that I was a person fitted to furnish to man-
kind this spectacle. So I determined to do it. This was
in March, 1878.

I looked about me for the right sort of person to
accompany me in the capacity of agent, and finally
hired a Mr Harris for this service.

It was also my purpose to study art while in Europe.
Mr Harris was in sympathy with me in this. He was
as much of an enthusiast in art as I was, and not less
anxious to learn to paint. I desired to learn the German language; so did Harris.

Toward the middle of April we sailed in the *Holsatia,* Capt. Brandt, and had a very pleasant trip, indeed.

After a brief rest at Hamburg, we made prepa-
rations for a long pedestrian trip southward in
the soft spring weather, but at the last moment
we changed the program, for private reasons, and
took the express train.

EIN VAGABUND FERN DER HEIMAT

Aufbruch

Eines Tages fiel mir auf, dass es schon viele Jahre her war, seit sich der Welt das Bild eines Mannes geboten hatte, der genug Abenteuerlust besaß, um eine Reise durch Europa zu Fuß zu unternehmen. Nach langem Überlegen kam ich zu dem Schluss, dass ich das Zeug hatte, der Menschheit dieses Schauspiel zu bieten, und so beschloss ich, es zu wagen. Das war im März 1878.

Ich sah mich nach jemandem um, der geeignet wäre, mich als meine rechte Hand zu begleiten, und stellte schließlich einen Mr Harris für diesen Dienst ein.

Es war auch meine Absicht, in Europa Kunst zu studieren. Mr Harris stimmte mit mir darin überein. Er war ein ebenso großer Kunstfreund wie ich und nicht weniger daran interessiert, das Malen zu erlernen. Ich hatte den Wunsch, die deutsche Sprache zu erlernen, und Harris ebenfalls.

Gegen Mitte April schifften wir uns auf der *Holsatia* unter Kapitän Brandt ein, und unsere Überfahrt war sehr angenehm.

Nach einer kurzen Ruhepause in Hamburg trafen wir bei mildem Frühlingswetter Vorbereitungen für einen langen Fußmarsch in Richtung Süden, änderten aber unsere Pläne kurzfristig aus persönlichen Gründen und nahmen den Schnellzug.

Frankfort-on-the-Main

We made a short halt at Frankfort-on-the-Main, and found it an interesting city. I would have liked to visit the birthplace of Gutenberg, but it could not be done, as no memorandum of the site of the house has been kept. So we spent an hour in the Goethe mansion instead. The city permits this house to belong to private parties, instead of gracing and dignifying herself with the honor of possessing and protecting it.

Frankfort is one of the sixteen cities which have the distinction of being the place where the following incident occurred. Charlemagne, while chasing the Saxons (as *he* said), or being chased by them (as *they* said), arrived at the bank of the river at dawn, in a fog. The enemy were either before him or behind him; but in any case he wanted to get across, very badly. He would have given anything for a guide, but none was to be had. Presently he saw a deer, followed by her young, approach the water. He watched her, judging that she would seek a ford, and he was right. She waded over, and the army followed. So a great Frankish victory or defeat was gained or avoided; and in order to commemorate the episode, Charlemagne commanded a city to be built there, which he named Frankfort, – the ford of the Franks. None of the other cities where

Frankfurt am Main

In Frankfurt am Main legten wir einen kurzen Aufenthalt
ein und fanden die Stadt interessant. Ich hätte gerne das
Geburtshaus Gutenbergs besucht, aber das war nicht möglich, da nicht überliefert ist, wo dieses Haus stand. Also ver-
brachten wir stattdessen eine Stunde im Goethehaus. Die
Stadt lässt es zu, dass dieses Haus sich in Privatbesitz befindet, anstatt sich selbst mit der Ehre und Würde zu schmü-
cken, es ihr Eigen zu nennen und zu pflegen.

Frankfurt ist eine von sechzehn Städten, die sich dadurch
auszeichnen, dass sich dort das Folgende zugetragen hat.
Als Karl der Große die Sachsen verfolgte (wie *er* behaup-
tete) oder von diesen verfolgt wurde (wie *sie* behaupteten),
erreichte er im Morgengrauen bei Nebel das Flussufer. Der
Feind war ihm entweder voraus oder auf den Fersen, aber
auf jeden Fall wollte er auf die andere Seite gelangen, und
zwar so schnell wie möglich. Er hätte alles dafür gegeben,
wenn ihm jemand den Weg gewiesen hätte, aber es war
niemand zur Stelle. Da sah er plötzlich eine Hirschkuh,
die sich, gefolgt von ihren Jungen, dem Wasser näherte. Er
beobachtete sie in der Annahme, dass sie eine Furt suchen
werde, und er hatte recht. Sie gelangte hinüber, und die Ar-
mee folgte ihr. Auf diese Weise wurde ein großer Sieg oder
eine Niederlage der Franken errungen oder vermieden, und
zur Erinnerung an diesen Vorfall befahl Karl der Große, an
dieser Stelle eine Stadt zu erbauen, die er Frankfurt nannte:
die Furt der Franken. Keine der anderen Städte, wo sich

this event happened were named for it. This is good evidence that Frankfort was the first place it occurred at.

Frankfort has another distinction – it is the birthplace of the German alphabet; or at least of the German word for alphabet – *Buchstaben*. They say that the first movable types were made on birch sticks – *Buchstabe*, – hence the name. [...]

In Frankfort everybody wears clean clothes, and I think we noticed that this strange thing was the case in Hamburg, too, and in the villages along the road. Even in the narrowest and poorest and most ancient quarters of Frankfort neat and clean clothes were the rule. The little children of both sexes were nearly always nice enough to take into a body's lap. And as for the uniforms of the soldiers, they were newness and brightness carried to perfection. One could never detect a smirch or a grain of dust upon them. The street car conductors and drivers wore pretty uniforms which seemed to be just out of the bandbox, and their manners were as fine as their clothes. [...]

Heidelberg

Heidelberg lies at the mouth of a narrow gorge – a gorge the shape of a shepherd's crook; if one looks up it he perceives that it is about straight, for a mile and

dasselbe zutrug, ist danach benannt worden. Das ist der Beweis, dass Frankfurt der erste Ort war, an dem dies passierte.

Frankfurt hat noch eine weitere Besonderheit: Es ist der Entstehungsort des deutschen Alphabets, oder zumindest des deutschen Wortes für das Alphabet: *Buchstaben*. Wie es heißt, wurden die ersten beweglichen Lettern aus Birkenstäbchen gefertigt, daher der Name *Buchstaben*. [...]

In Frankfurt ist jedermann sauber gekleidet, und diese bemerkenswerte Tatsache fiel uns, glaube ich, auch in Hamburg und in den Orten unterwegs auf. Sogar in den engsten und ärmsten und ältesten Vierteln Frankfurts war ordentliche und saubere Kleidung die Regel. Die kleinen Kinder beiderlei Geschlechts waren fast immer reinlich genug, um sie auf den Schoß zu nehmen. Und was die Uniformen der Soldaten betrifft, so hätten sie neuer und glänzender nicht sein können. Nirgends war darauf ein Fleckchen oder Staubkorn zu entdecken. Schaffner und Fahrer der Straßenbahn trugen hübsche Uniformen, die soeben vom Schneider gekommen zu sein schienen, und ihr Betragen war so tadellos wie ihre Kleidung. [...]

Heidelberg

Heidelberg liegt am Ausgang einer engen Schlucht, die die Form eines Hirtenstabes hat. Blickt man diese Schlucht hinauf, sieht man, dass sie etwa anderthalb Meilen gerade

a half, then makes a sharp curve to the right and disappears. This gorge – along whose bottom pours the swift Neckar, – is confined between (or cloven through) a couple of long, steep ridges, a thousand feet high and densely wooded clear to their summits, with the exception of one section which has been shaved and put under cultivation. These ridges are chopped off at the mouth of the gorge and form two bold and conspicuous headlands, with Heidelberg nestling between them; from their bases spreads away the vast dim expanse of the Rhine valley, and into this expanse the Neckar goes wandering in shining curves and is presently lost to view.

Now if one turns and looks up the gorge once more, he will see the Schloss Hotel on the right perched on a precipice overlooking the Neckar, – a precipice which is so sumptuously cushioned and draped with foliage that no glimpse of the rock appears. The building seems very airily situated. It has the appearance of being on a shelf half way up the wooded mountain side; and as it is remote and isolated, and very white, it makes a strong mark against the lofty leafy rampart at its back.

This hotel had a feature which was a decided novelty, and one which might be adopted with advantage by any house which is perched in a commanding situation. This feature may be described as a series of glass-enclosed parlors *clinging to the outside of the house*, one against each and every bedchamber and drawing-room.

verläuft, dann eine scharfe Biegung nach rechts macht und verschwindet. Diese Schlucht, auf deren Grund der reißende Neckar fließt, ist eingeschlossen zwischen (oder eingeschnitten in) zwei lange, steile Bergrücken, tausend Fuß hoch und bis ganz oben bewaldet, abgesehen von einem Teil, der gerodet ist und bewirtschaftet wird. Diese Bergrücken sind an der Mündung der Schlucht wie abgehackt und bilden dort zwei mächtige, auffällige Felskuppen, zwischen die sich Heidelberg schmiegt. Zu ihren Füßen breitet sich die weite, dunstige Ebene des Rheintals aus, und in diese Ebene fließt der Neckar in glitzernden Windungen und entschwindet bald den Blicken.

Wendet man sich nun noch einmal um und blickt die Schlucht hinauf, dann sieht man rechter Hand das Schlosshotel, das auf einer steilen Klippe über dem Neckar thront – einer Klippe, die so üppig mit Laub gepolstert und bedeckt ist, dass man von dem Felsen nichts sieht. Das Gebäude befindet sich in luftiger Höhe. Es sieht aus, als läge es auf einem Sims auf halber Höhe des bewaldeten Abhangs; und da es abseits und ganz für sich liegt und strahlend weiß ist, hebt es sich deutlich vom Laub der dahinterliegenden Bergwand ab.

Dieses Hotel besaß etwas ganz Neuartiges und etwas, das für jedes Haus in ähnlich herausragender Lage ein Gewinn wäre. Man könnte es als eine Reihe von verglasten Räumen beschreiben, die *an der Außenseite des Gebäudes* angebracht sind, jeweils vor den einzelnen Schlaf- und Wohnzimmern. Sie sehen aus wie breite, flache, hohe

They are like long, narrow, high-ceiled birdcages hung against the building. My room was a corner room, and had two of these things, a north one and a west one.

From the north cage one looks up the Neckar gorge; from the west one he looks down it. This last affords the most extensive view, and it is one of the loveliest that can be imagined, too. Out of a billowy upheaval of vivid green foliage, a rifle-shot removed, rises the huge ruin of Heidelberg Castle, with empty window arches, ivy-mailed battlements, moldering towers – the Lear of inanimate nature – deserted, discrowned, beaten by the storms, but royal still, and beautiful. It is a fine sight to see the evening sunlight suddenly strike the leafy declivity at the Castle's base and dash up it and drench it as with a luminous spray, while the adjacent groves are in deep shadow.

Behind the Castle swells a great dome-shaped hill, forest-clad, and beyond that a nobler and loftier one. The Castle looks down upon the compact brown-roofed town; and from the town two picturesque old bridges span the river. Now the view broadens; through the gateway of the sentinel headlands you gaze out over the wide Rhine plain, which stretches away, softly and richly tinted, grows gradually and dreamily indistinct, and finally melts imperceptibly into the remote horizon. […]

Vogelkäfige, die man vor das Gebäude gehängt hat. Ich hatte ein Eckzimmer, das zwei von diesen Käfigen besaß, einen nach Norden und einen nach Westen.

Vom nördlichen Käfig blickt man die Neckarschlucht aufwärts und vom westlichen abwärts. Letzterer gewährt den weitesten Ausblick, und dieser ist obendrein der denkbar schönste. Aus zahllosen Wolken einer wogenden Fülle lebhaft grünen Laubs erhebt sich, nur einen Büchsenschuss entfernt, die gewaltige Ruine des Heidelberger Schlosses mit leeren Fensterbögen, efeubewehrten Zinnen, verwitternden Türmen – ein König Lear der unbelebten Natur: verlassen, seiner Krone beraubt, sturmgepeitscht, aber immer noch majestätisch und schön. Es ist ein wunderbarer Anblick, wenn die Strahlen der Abendsonne auf den belaubten Abhang unterhalb des Schlosses prallen, an ihm emporschießen und ihn wie mit leuchtender Gischt tränken, während die angrenzenden Wäldchen in tiefem Schatten liegen.

Hinter dem Schloss erhebt sich ein großer kuppelförmiger bewaldeter Berg und hinter diesem ein weiterer, der noch stattlicher und höher ist. Das Schloss blickt hinunter auf die dicht gedrängten braunen Dächer der Stadt; und von der Stadt führen zwei malerische alte Brücken über den Fluss. Nun weitet sich der Ausblick. Durch das von den Felskuppen bewachte Tor sieht man hinaus auf die weite Rheinebene, die sich sanft und vielfarbig hindehnt, allmählich traumhaft verschwimmt und schließlich kaum merklich mit dem fernen Horizont verschmilzt. […]

A Close Encounter of a Weird Kind

One afternoon I got lost in the woods about a mile from the hotel, and presently fell into a train of dreamy thought about animals which talk, and kobolds, and enchanted folk, and the rest of the pleasant legendary stuff; and so, by stimulating my fancy, I finally got to imagining I glimpsed small flitting shapes here and there down the columned aisles of the forest. It was a place which was peculiarly meet for the occasion. It was a pine wood, with so thick and soft a carpet of brown needles that one's footfall made no more sound than if he were treading on wool; the tree-trunks were as round and straight and smooth as pillars, and stood close together; they were bare of branches to a point about twenty-five feet above ground, and from there upward so thick with boughs that not a ray of sunlight could pierce through. The world was bright with sunshine outside, but a deep and mellow twilight reigned in there, and also a deep silence so profound that I seemed to hear my own breathings.

When I had stood ten minutes, thinking and imagining, and getting my spirit in tune with the place, and in the right mood to enjoy the supernatural, a raven suddenly uttered a horse croak over my head. It made me start; and then I was angry because I started. I looked up, and the creature was sitting on a limb right over me, looking down at me. I felt something

Eine Begegnung der besonderen Art

Eines Nachmittags verlief ich mich etwa eine Meile vom
Hotel entfernt in den Wäldern und verfiel in allerhand
Träumereien über sprechende Tiere und Kobolde und ver-
wunschene Wesen und all diese hübschen Märchendinge;
und indem ich meiner Phantasie freien Lauf ließ, bildete
ich mir schließlich ein, schemenhafte kleine Gestalten zu
sehen, die hier und dort durch die Säulengänge des Waldes
huschten. Der Ort war dafür besonders gut geeignet. Es
war ein Kiefernwald, und der Teppich aus braunen Na-
deln war so dick und weich, dass man beim Auftreten
nicht mehr Geräusch machte, als wenn man auf Wolle gelaufen wäre. Die Baumstämme waren rund und gerade
und glatt wie Säulen und standen dicht an dicht. Ihre Äste
begannen erst fünfundzwanzig Fuß über dem Boden, aber
darüber war das Geäst so dicht, dass kein Sonnenstrahl
hindurchdrang. Draußen lag die Welt in hellem Sonnenlicht, aber hier drinnen herrschte ein sanftes Halbdunkel, und es war so still, dass ich meine Atemzüge hören
konnte.

Als ich zehn Minuten mit meinen Gedanken und Phan-
tasien dagestanden und mich auf diesen Ort eingestimmt
hatte, um das Übernatürliche zu genießen, da ließ plötzlich über mir ein Rabe ein heiseres Krächzen hören. Ich
schreckte zusammen, und dann ärgerte ich mich, weil ich
erschrocken war. Ich sah nach oben, und da saß das Tier di-
rekt über mir auf einem Ast und blickte auf mich herab. Ich

of the same sense of humiliation and injury which one feels when he finds that a human stranger has been clandestinely inspecting him in his privacy and mentally commenting upon him. I eyed the raven, and the raven eyed me. Nothing was said during some seconds. Then the bird stepped a little way along his limb to get a better point of observation, lifted his wings, stuck his head far down below his shoulders toward me and croaked again – a croak with a distinctly insulting expression about it. If he had spoken in English he could not have said any more plainly than he did say in raven, "Well, what do *you* want here?" I felt as foolish as if I had been caught in some mean act by a responsible being, and reproved for it. However, I made no reply; I would not bandy words with a raven. The adversary waited a while, with his shoulders still lifted, his head thrust down between them, and his keen bright eye fixed on me; then he threw out two or three more insults, which I could not understand, further than that I knew a portion of them consisted of language not used in church.

I still made no reply. Now the adversary raised his head and called. There was an answering croak from a little distance in the wood, – evidently a croak of inquiry. The adversary explained with enthusiasm, and the other raven dropped everything and came. The two sat side by side on the limb and discussed me as freely and offensively as two great naturalists might

spürte etwas von derselben Scham und Wut, die man empfindet, wenn man sich allein glaubte und dann merkt, dass ein Fremder einen heimlich beobachtet und seine Glossen gemacht hat. Ich beäugte den Raben, und der Rabe beäugte mich. Für kurze Zeit sagte keiner etwas. Dann rückte der Rabe auf seinem Ast ein Stückchen zur Seite, um besser sehen zu können, hob seine Flügel, streckte seinen Kopf zwischen den Schultern weit zu mir herunter und krächzte wieder – und dieses Krächzen klang eindeutig beleidigend. Was er in seiner Rabensprache sagte, hätte nicht eindeutiger sein können, wenn er Englisch gesprochen hätte: «Na, was willst *du* denn hier?» Mir war das so peinlich, als hätte mich eine Respektsperson bei einer Freveltat erwischt und mich dafür getadelt. Ich erwiderte aber nichts, denn ich wollte mich nicht auf einen Wortwechsel mit einem Raben einlassen. Mein Kontrahent wartete ein Weilchen, die Schultern noch immer hochgezogen und den Kopf vorgereckt, und fixierte mich scharf mit seinem glänzenden Auge, und dann stieß er weitere zwei oder drei Beleidigungen aus, von denen ich nichts verstand, außer dass Teile davon in einer Sprache waren, die in der Kirche unüblich ist.

Ich erwiderte immer noch nichts. Jetzt hob mein Kontrahent den Kopf und rief etwas. Aus dem Wald ganz in der Nähe kam eine gekrächzte Antwort – offenkundig ein fragendes Krächzen. Mein Kontrahent gab eine begeisterte Erklärung, und der andere Rabe ließ alles stehen und liegen und kam herüber. Die beiden hockten nun Seite an Seite auf dem Ast und unterhielten sich so ungeniert und dreist über

discuss a new kind of bug. The thing became more and more embarrassing. They called in another friend. This was too much. I saw that they had the advantage of me, and so I concluded to get out of the scrape by walking out of it. They enjoyed my defeat as much as any low white people could have done. They craned their necks and laughed at me (for a raven *can* laugh, just like a man), they squalled insulting remarks after me as long as they could see me. They were nothing but ravens – I knew that, – what they thought of me could be a matter of no consequence, – and yet when even a raven shouts after you, "What a hat!" "Oh, pull down your vest!" and that sort of thing, it hurts you and humiliates you, and there is no getting around it with fine reasoning and pretty arguments.

Animals talk to each other, of course. There can be no question about that; but I suppose there are very few people who can understand them. I never knew but one man who could. I knew he could, however, because he told me so himself. He was a middle-aged, simple-hearted miner who had lived in a lonely corner of California, among the woods and mountains, a good many years, and had studied the ways of his only neighbors, the beasts and the birds, until he believed he could accurately translate any remark which they made. This was Jim Baker. According to Jim Baker, some animals have only a limited education, and some use only sim-

mich wie zwei große Naturforscher, die eine neue Art von Käfer entdeckt haben. Die Sache wurde immer unangenehmer. Sie riefen einen weiteren Freund herbei. Jetzt reichte es mir. Mir war klar, dass sie mir gegenüber im Vorteil waren, und ich beschloss, mich aus der Affäre zu ziehen, indem ich mich davonmachte. Sie freuten sich über meine Niederlage genauso, wie es ein weißer Nichtsnutz getan hätte. Sie reckten die Hälse und lachten mich aus (denn Raben können wirklich lachen wie Menschen), und sie riefen Beleidigungen hinter mir her, solange ich in Sichtweite war. Sie waren zwar nur Raben, das war mir klar, und was sie von mir hielten, konnte mir gleichgültig sein – aber auch wenn es ein Rabe ist, der dir nachruft: «Was für ein Hut!» oder «He, zieh deine Weste straff!», oder so ähnlich, dann tut das weh und ist demütigend; das lässt sich auch mit den besten Argumenten nicht wegdiskutieren.

Tiere unterhalten sich natürlich miteinander, keine Frage; aber es gibt wahrscheinlich nur wenige Menschen, die sie verstehen können. Mir ist nur ein einziger Mann begegnet, der das konnte. Dass er es konnte, weiß ich genau, denn er hat es mir selber gesagt. Er war ein gutmütiger Goldgräber mittleren Alters, der viele Jahre in den Wäldern und Bergen einer einsamen Gegend in Kalifornien zugebracht und dort die Gewohnheiten seiner einzigen Nachbarn, der wilden Tiere und Vögel, beobachtet hatte, bis er sicher war, dass er jede ihrer Äußerungen genau übersetzen konnte. Er hieß Jim Baker. Jim Baker zufolge besitzen manche Tiere nur eine geringe Bildung, verwenden nur ganz einfache Worte

ple words, and scarcely ever a comparison or a flow-ery figure; whereas, certain other animals have a large vocabulary, a fine command of language and a ready and fluent delivery; consequently these latter talk a great deal; they like it; they are so conscious of their talent, and they enjoy "showing off." Baker said, that after long and careful observation, he had come to the conclusion that the blue-jays were the best talkers he had found among birds and beasts. Said he:

"There's more *to* a blue-jay than any other creature. He has got more moods, and more different kinds of feelings than other creatures; and, mind you, whatever a blue-jay feels, he can put into language. And no mere commonplace language, either, but rat-tling, out-and-out book-talk – and bristling with met-aphor, too – just bristling! And as for command of language – why *you* never see a blue-jay get stuck for a word. No man ever did. They just boil out of him! And another thing: I've noticed a good deal, and there's no bird, or cow, or anything that uses as good grammar as a blue-jay. You may say a cat uses good grammar. Well, a cat does – but you let a cat get excited once; you let a cat get to pulling fur with an-other cat on a shed, nights, and you'll hear grammar that will give you the lockjaw. Ignorant people think it's the *noise* which fighting cats make that is so ag-gravating, but it ain't so; it's the sickening grammar they use. Now I've never heard a jay use bad gram-

und fast keine Vergleiche oder blumigen Wendungen. Gewisse andere Tiere dagegen haben einen großen Wortschatz, beherrschen die Sprache sehr gut und können sich gewandt und flüssig ausdrücken; dementsprechend reden sie viel. Es macht ihnen Spaß. Sie sind sich ihrer Begabung bewusst und geben gerne damit an. Baker sagte, er sei nach langer und aufmerksamer Beobachtung zu dem Ergebnis gekommen, dass die Eichelhäher von allen Vögeln und Vierbeinern am besten sprechen können. Er sagte:

«Mit dem Eichelhäher hat es mehr auf sich als mit jedem anderen Tier. Er hat mehr Gemütszustände und unterschiedliche Empfindungen als alle anderen Kreaturen. Und was ein Eichelhäher empfindet, das kann er wohlgemerkt auch ausdrücken, und zwar keineswegs in simpler Sprache, sondern fließend und wie ein Buch – mit haufenweise Metaphern, jawohl: haufenweise! Und was seine Wortgewandtheit betrifft – haben *Sie* etwa mal erlebt, dass ein Eichelhäher um Worte verlegen war? Niemals! Sie sprudeln nur so hervor. Und noch etwas: Ich hab schon viel gesehen, aber kein Vogel, keine Kuh oder sonst was kann sich so einwandfrei ausdrücken wie der Eichelhäher. Nun sagen Sie, Katzen können das auch. Das stimmt wohl – bis eine Katze mal einen Wutanfall kriegt. Wenn sich zwei Katzen Nachts auf dem Schuppen in die Wolle kriegen, dann können Sie Ausdrücke hören, dass Ihnen der Mund offen bleibt. Unwissende Menschen glauben, das Schlimmste sei der Lärm, den Katzen machen, wenn sie sich balgen, aber das stimmt nicht: Es ist ihre erschreckende Ausdrucksweise. Dass ein Eichelhäher schlimme Ausdrücke

mar but very seldom; and when they do, they are as ashamed as a human; they shut right down and leave.

"You may call a jay a bird. Well, so he is, in a measure – but he's got feathers on him, and don't belong to no church, perhaps; but otherwise he is just as much human as you be. And I'll tell you for why. A jay's gifts, and instincts, and feelings, and interests, cover the whole ground. A jay hasn't got any more principle than a Congressman. A jay will lie, a jay will steal, a jay will deceive, a jay will betray; and four times out of five, a jay will go back on his solemnest promise. The sacredness of an obligation is such a thing which you can't cram into no blue-jay's head. Now, on top of all this, there's another thing; a jay can out-swear any gentleman in the mines. You think a cat can swear. Well, a cat can; but you give a blue-jay a subject that calls for his reserve-powers, and where is your cat? Don't talk to *me* – I know too much about this thing; in the one little particular of scolding – just good, clean, out-and-out scolding – a blue-jay can lay over anything, human or divine. Yes, sir, a jay is everything that a man is. A jay can cry, a jay can laugh, a jay can feel shame, a jay can reason and plan and discuss, a jay likes gossip and scandal, a jay has got a sense of humor, a jay knows when he is an ass just as well as you do – maybe better. If a

verwendet, habe ich nur ganz selten erlebt, aber wenn es ihnen mal passiert, dann schämen sie sich genauso wie Menschen. Sie verstummen sofort und machen sich davon.

Sie werden vielleicht sagen, ein Häher sei ein Vogel. In gewisser Weise stimmt das ja auch, denn er hat Federn, und vielleicht gehört er keiner Kirche an; aber im Übrigen ist er so menschlich, wie man nur sein kann. Und ich will Ihnen auch sagen, warum. Er besitzt genau dieselben Fähigkeiten, Instinkte, Empfindungen und Interessen wie ein Mensch. Ein Häher hat nicht mehr Prinzipien als ein Kongressabgeordneter. Er lügt und stiehlt und täuscht und betrügt, und von fünf feierlichen Versprechen bricht er vier. Dass eine Pflicht etwas Heiliges ist, kriegt man nie in den Kopf eines Hähers hinein. Und dann ist da noch etwas, das setzt allem die Krone auf: Beim Fluchen stellt ein Häher jeden der Herren Goldgräber in den Schatten. Sie glauben vielleicht, eine Katze könne auch fluchen. Gewiss, sie kann. Aber geben Sie einem Eichelhäher einen Anlass, der seine letzten Reserven fordert, und wo bleibt dann Ihre Katze? *Mir* müssen Sie nichts erzählen, ich kenne mich da genau aus. Und noch eine Kleinigkeit: Wenn es ums Schimpfen geht – ganz einfach um ordentliches, gründliches Schimpfen, da ist der Häher allen überlegen, ob Menschen oder Götter. Jawohl, Sir, so ein Häher hat alles, was ein Mensch auch hat. Er kann weinen, er kann lachen, er kann sich schämen, er kann denken und planen und diskutieren. Ein Häher liebt Klatschgeschichten und üble Nachreden, er hat Sinn für Humor, und wenn er sich lächerlich gemacht hat, weiß er das so gut wie Sie – vielleicht

jay ain't human, he better take in his sign, that's all …"

Student Life

It is said that the vast majority of the Heidelberg students are hard workers, and make the most of their opportunities; that they have no surplus means to spend in dissipation, and no time to spare for frolicking. One lecture follows right on the heels of another, with very little time for the student to get out of one hall and into the next; but the industrious ones manage it by going on a trot. The professors assist them in the saving of their time by being promptly in their little boxed-up pulpits when the hours strike, and as promptly out again when the hour finishes. I entered an empty lecture-room one day just before the clock struck. The place had simple, unpainted pine desks and benches for about two hundred persons.

About a minute before the clock struck, a hundred and fifty students swarmed in, rushed to their seats, immediately spread open their notebooks and dipped their pens in ink. When the clock began to strike, a burly professor entered, was received with a round of applause, moved swiftly down the center aisle, said "Gentlemen," and began to talk as he climbed his pulpit steps; and by the time he had ar-

sogar besser. Wenn ein Häher nichts von einem Menschen hat, dann sollte er seinen Laden dichtmachen und basta …»

Studentenleben

Es heißt, dass die allermeisten der Heidelberger Studenten fleißig sind und die Möglichkeiten nutzen, die sich ihnen bieten; dass sie kein Geld für Zerstreuungen übrig haben und keine Zeit für Lustbarkeiten. Eine Vorlesung schließt sich unmittelbar an die vorherige an, und den Studenten bleibt wenig Zeit, um von einem Hörsaal zum nächsten zu gelangen. Die fleißigen schaffen das im Dauerlauf. Die Professoren sind ihnen beim Zeitsparen behilflich, indem sie pünktlich zur vollen Stunde ihre enge kleine Lehrkanzel besteigen und sie genauso pünktlich verlassen, wenn die Stunde um ist. Eines Tages betrat ich einen Hörsaal, kurz bevor die Stunde schlug. Der Raum war mit schlichten Pulten und Bänken aus rohem Kiefernholz für rund zweihundert Personen ausgestattet.

Etwa eine Minute vor dem Glockenschlag kamen hundertfünfzig Studenten hereingestürmt, eilten zu ihren Sitzen, öffneten sofort ihre Schreibhefte und tauchten ihre Federn in die Tinte. Als die Uhr zu schlagen begann, kam ein untersetzter Professor unter allgemeinem Beifall herein, ging rasch den Mittelgang hinunter, sagte: «Meine Herren!», und begann zu dozieren, während er noch die Stufen zu seinem Pult erklomm; und als er oben war und sich seinen Zu-

rived in his box and faced his audience, his lecture
was well under way and all the pens were going.
He had no notes, he talked with prodigious rapidity
and energy for an hour – then the students began
to remind him in certain well-understood ways
that his time was up; he seized his hat, still talking,
proceeded swiftly down his pulpit steps, got out
the last word of his discourse as he struck the floor;
everybody rose respectfully, and he swept rapidly
down the aisle and disappeared. An instant rush for
some other lecture-room followed, and in a minute
I was alone with the empty benches once more.

Yes, without doubt, idle students are not the
rule. Out of eight hundred in the town, I knew
the faces of only about fifty; but these I saw every-
where, and daily. They walked about the streets
and the wooded hills, they drove in cabs, they
boated on the river, they sipped beer and coffee,
afternoons, in the Schloss gardens. A good many
of them wore colored caps of the corps. They were
finely and fashionably dressed, their manners
were quite superb, and they led an easy, careless,
comfortable life. If a dozen of them sat together
and a lady or a gentleman passed whom one of
them knew and saluted, they all rose to their feet
and took off their caps. The members of a corps
always received a fellow-member in this way, too;
but they paid no attention to members of other

hörern zuwandte, war er bereits mitten in seiner Vorlesung, und die Federhalter schrieben eifrig mit. Er benutzte keine Notizen und sprach eine Stunde lang mit erstaunlicher Geschwindigkeit und Energie. Dann fingen die Studenten an, ihn unmissverständlich daran zu erinnern, dass die Zeit um war. Er nahm, während er noch sprach, seinen Hut, stieg flink die Stufen des Lehrpults herunter und beendete seine Vorlesung, sobald er unten angekommen war. Alle erhoben sich höflich von ihren Plätzen, und er ging schnellen Schritts den Mittelgang hinauf und verschwand. Sofort setzte das Gerenne zu einem anderen Hörsaal ein, und binnen einer Minute war ich wieder ganz allein mit den leeren Bänken.

Ja, faule Studenten sind zweifellos nicht die Regel. Von den achthundert Studenten in der Stadt kannte ich nur etwa fünfzig vom Ansehen, aber die sah ich täglich und überall. Sie waren auf den Straßen und in den bewaldeten Bergen unterwegs, sie saßen in Kutschen und fuhren Boot auf dem Fluss, sie tranken nachmittags im Schlossgarten Bier und Kaffee. Viele von ihnen trugen die bunten Mützen der Studentenverbindungen. Sie waren gut und modisch gekleidet, ihre Manieren waren tadellos, und sie führten ein müßiges, sorgenfreies, angenehmes Leben. Wenn ein Dutzend von ihnen beisammensaßen und einer von ihnen eine ihm bekannte Dame oder einen Herrn vorübergehen sah und grüßte, standen alle auf und nahmen ihre Mützen ab. Verbindungsmitglieder begrüßten ein anderes Mitglied dieser Verbindung stets auf dieselbe Weise; dagegen schenkten sie Mitgliedern anderer Verbindungen keinerlei Beachtung,

corps; they did not seem to see them. This was not a discourtesy; it was only a part of the elaborate and rigid corps etiquette.

There seems to be no chilly distance existing between the German students and the professor; but, on the contrary, a companionable intercourse, the opposite of chilliness and reserve. When the professor enters a beer-hall in the evening where students are gathered together, these rise up and take off their caps, and invite the old gentleman to sit with them and partake. He accepts, and the pleasant talk and the beer flow for an hour or two, and by and by the professor, properly charged and comfortable, gives a cordial good night, while the students stand bowing and uncovered; and then he moves on his happy way homeward with all his vast cargo of learning afloat in his hold. Nobody finds fault or feels outraged; no harm has been done.

It seemed to be a part of corps etiquette to keep a dog or so, too. I mean a corps dog – the common property of the organization, like the corps steward or head servant; then there are other dogs, owned by individuals.

On a summer afternoon in the Castle gardens, I have seen six students march solemnly into the grounds, in single file, each carrying a bright Chinese parasol and leading a prodigious dog by a string. It was a very imposing spectacle. Sometimes there

sie schienen sie nicht einmal zu sehen. Das geschah nicht aus Unhöflichkeit, es gehörte einfach zur komplizierten und strengen Verbindungsetikette.

Zwischen deutschen Studenten und ihren Professoren scheint es keine frostige Distanz zu geben. Vielmehr herrscht ein ungezwungener Umgangston, ganz das Gegenteil von Kälte und Distanz. Wenn ein Professor am Abend ein Bierlokal betritt, wo Studenten versammelt sind, dann erheben sie sich, nehmen ihre Mützen ab und laden den alten Herrn ein, sich zu ihnen zu setzen und mitzutrinken. Er geht darauf ein, und dann fließen Unterhaltung und Bier ein, zwei Stunden munter dahin, bis der Professor, gut gefüllt und zufrieden, herzlich eine gute Nacht wünscht, während die Studenten sich barhäuptig verbeugen. Er macht sich dann vergnügt auf den Heimweg, und die riesige Fracht seiner Gelehrsamkeit schwappt in ihrem Laderaum umher. Niemand nimmt daran Anstoß oder empört sich, denn es ist ja kein Schaden entstanden.

Es gehörte anscheinend auch zur Etikette der Verbindungen, dass man sich so etwas wie einen Hund hielt. Ich meine einen Burschenschaftshund, der für alle da war, so wie das Faktotum der Burschenschaft oder ihr Oberkellner. Daneben gibt es die anderen Hunde, die einzelne Besitzer haben.

An einem Sommernachmittag sah ich sechs Studenten, die feierlich im Gänsemarsch den Schlossgarten betraten. Jeder trug einen bunten chinesischen Sonnenschirm und führte einen kolossalen Hund an der Leine. Es war ein eindrucksvolles Schauspiel. Manchmal sah man rund um

would be as many dogs around the pavilion as students; and of all breeds and of all degrees of beauty and ugliness. These dogs had a rather dry time of it; for they were tied to the benches and had no amusement for an hour or two at a time except what they could get out of pawing at the gnats, or trying to sleep and not succeeding. However, they got a lump of sugar occasionally – they were fond of that.

It seemed right and proper that students should indulge in dogs; but everybody else had them, too – old men and young ones, old women and nice young ladies. If there is one spectacle that is unpleasanter than another, it is that of an elegantly dressed young lady towing a dog by a string. It is said to be the sign and symbol of blighted love. It seems to me that some other way of advertising it might be devised, which would be just as conspicuous and yet not so trying to the proprieties.

It would be a mistake to suppose that the easygoing pleasure-seeking student carries an empty head. Just the contrary. He has spent nine years in the gymnasium, under a system which allowed him no freedom, but vigorously compelled him to work like a slave. Consequently, he has left the gymnasium with an education which is so extensive and complete, that the most a university can do for it is to perfect some of its profounder specialties. It is said that when a pupil leaves the gym-

den Pavillon ebenso viele Hunde wie Studenten, Hunde aller Rassen und in allen Abstufungen von Schönheit oder Hässlichkeit. Das Leben dieser Hunde war ziemlich eintönig, denn sie waren an den Bänken angebunden, und ihre einzige Abwechslung bestand darin, nach Mücken zu schnappen oder vergeblich zu versuchen einzuschlafen. Gelegentlich bekamen sie aber ein Stückchen Zucker – das mochten sie.

Dass Studenten sich einen Hund leisteten, schien recht und billig, aber auch alle anderen hatten welche – alte Männer und junge, alte Frauen und hübsche junge Damen. Wenn es einen Anblick gibt, der besonders unschön ist, dann ist es der einer elegant gekleideten jungen Dame, die einen Hund an der Leine hinter sich herzieht. Man sagt, das sei ein Anzeichen enttäuschter Liebe. Ich finde, man sollte eine andere Weise finden, diesen Sachverhalt deutlich anzuzeigen, ohne dabei so unschicklich zu wirken.

Es wäre falsch anzunehmen, dass ein sorgloser Student, der seinem Vergnügen nachgeht, nichts im Kopf hat – im Gegenteil. Er hat neun Jahre auf dem Gymnasium verbracht, in einem Erziehungssystem, das ihm keine Freiheiten gewährte, sondern ihn mit allen Mitteln zwang, wie ein Sklave zu arbeiten. Infolgedessen hat er das Gymnasium mit einer so umfassenden und vollständigen Bildung verlassen, dass die Universität höchstens noch sein spezielles Wissen vertiefen kann. Man sagt, dass ein Schüler, wenn er das Gymnasium verlässt, nicht nur eine vielseitige Er-

nasium, he not only has a comprehensive education, but he *knows* what he knows – it is not befogged with uncertainty, it is burnt into him so that it will stay. For instance, he does not merely read and write Greek, but speaks it; the same with the Latin. Foreign youth steer clear of the gymnasium; its rules are too severe. They go to the university to put a mansard roof on their whole general education; but the German student already has his mansard roof, so he goes there to add a steeple in the nature of some specialty, such as a particular branch of law, or diseases of the eye, or special study of the ancient Gothic tongues. So this German attends only the lectures which belong to the chosen branch, and drinks his beer and tows his dog around and has a general good time the rest of the day. He has been in rigid bondage so long that the large liberty of the university life is just what he needs and likes and thoroughly appreciates; and as it cannot last forever, he makes the most of it while it does last, and so lays up a good rest against the day that must see him put on the chains once more and enter the slavery of official or professional life. […]

ziehung genossen hat, sondern das, was er gelernt hat, auch wirklich *beherrscht*. Sein Wissen ist nicht nebelhaft und ungewiss, es ist ihm auf Dauer eingebrannt. Zum Beispiel kann er Griechisch nicht nur lesen und schreiben, er kann es auch sprechen; und genauso ist es mit Latein. Junge Ausländer machen einen Bogen um das Gymnasium, seine Regeln sind ihnen zu streng. Sie gehen zur Universität, um ihrer Allgemeinbildung ein Mansardendach aufzusetzen. Aber ein deutscher Student hat dieses Mansardendach bereits, und er geht dorthin, um zusätzlich einen Turm zu erwerben in Gestalt eines Spezialgebiets, beispielsweise ein besonderes Gebiet der Jurisprudenz oder Medizin oder Philologie – wie etwa internationales Recht oder Augenkrankheiten oder vertiefte Studien der alten gotischen Sprachen. Dieser Deutsche besucht daher nur die Vorlesungen, die zu seinem Wahlgebiet gehören, und während der übrigen Zeit geht er Bier trinken, führt seinen Hund spazieren und lässt es sich gut gehen. Er war so lange strikten Zwängen ausgesetzt, dass die große Freiheit des Studentenlebens genau das ist, was er jetzt braucht und genießt und schätzt. Und weil das nicht unbegrenzt so bleiben kann, nutzt er es aus, solange es geht. Auf diese Weise legt er sich einen Vorrat an für den Tag, an dem er wieder Ketten tragen und sich in die Sklaverei des Beamten- oder Akademikerlebens begeben muss. [...]

Theater, Opera, Concert

One day we took the train and went down to Mannheim to see 'King Lear' played in German. It was a
mistake. We sat in our seats three whole hours and
never understood anything but the thunder and
lightning; and even that was reversed to suit German ideas, for the thunder came first and the lightning followed after.

The behavior of the audience was perfect. There
were no rustlings, or whisperings, or other little
disturbances; each act was listened to in silence,
and the applauding was done after the curtain was
down. The doors opened at half past four, the play
began promptly at half past five, and within two
minutes afterward all who were coming were in
their seats, and quiet reigned. A German gentleman
in the train had said that a Shakespearean play was
an appreciated treat in Germany and that we should
find the house filled. It was true; all the six tiers
were filled, and remained so to the end – which
suggested that it is not only balcony people who
like Shakespeare in Germany, but those of the pit
and gallery, too.

Another time, we went to Mannheim and attended a shivaree – otherwise an opera – the one called
'Lohengrin'. The banging and slamming and boom-
ing and crashing were something beyond belief.

Theater, Oper, Konzert

Eines Tages nahmen wir den Zug und fuhren hinunter
nach Mannheim, um eine Aufführung von ‹König Lear› in
deutscher Sprache zu sehen. Das war ein Fehler. Drei volle
Stunden lang saßen wir da und verstanden nichts außer
Donnern und Blitzen, und selbst die waren deutschen Vor-
stellungen entsprechend umgekehrt, denn der Donner kam
zuerst und dann erst der Blitz.

Das Verhalten des Publikums war vorbildlich. Es gab kein
Rascheln und Geflüster oder andere kleine Störungen. Man
lauschte jedem Akt schweigend, und es wurde erst applau-
diert, nachdem der Vorhang gefallen war. Die Türen wurden um halb fünf geöffnet, die Vorstellung begann pünktlich um halb sechs, und binnen zwei Minuten hatten alle
Anwesenden ihre Sitze eingenommen, und es herrschte
allgemeine Stille. Im Zug hatte uns ein Herr erklärt, dass
eine Shakespeare-Aufführung in Deutschland als etwas Besonderes gelte und dass wir das Theater ausverkauft finden
würden. Er hatte recht: Alle Ränge waren vollbesetzt und
blieben es bis zum Ende, was zeigt, dass es in Deutschland
nicht allein die Zuschauer in den vorderen Reihen sind, die
Shakespeare schätzen, sondern auch die auf den billigeren
Plätzen.

Ein andermal fuhren wir nach Mannheim und besuchten
einen musikalischen Klamauk, auch Oper genannt, namens
‹Lohengrin›. Dieses Krachen und Donnern und Dröhnen
und Poltern war ganz unvorstellbar. Die Qual und erbar-

The racking and pitiless pain of it remains stored up in my memory alongside the memory of the time that I had my teeth fixed. There were circumstances which made it necessary for me to stay through the four hours to the end, and I stayed; but the recollection of that long, dragging, relentless season of suffering is indestructible. To have to endure it in silence, and sitting still, made it all the harder. I was in a railed compartment with eight or ten strangers, of the two sexes, and this compelled repression; yet at times the pain was so exquisite that I could hardly keep the tears back. At those times, as the howlings and wailings and shrieking of the singers, and the ragings and roarings and explosions of the vast orchestra rose higher and higher, and wilder and wilder, and fiercer and fiercer, I could have cried if I had been alone. Those strangers would not have been surprised to see a man do such a thing who was being gradually skinned, but they would have marveled at it here, and made remarks about it no doubt, whereas there was nothing in the present case which was an advantage over being skinned. There was a wait of half an hour at the end of the first act, and I could have gone out and rested during that time, but I could not trust myself to do it, for I felt that I should desert to stay out. There was another wait of half an hour toward nine o'clock, but I had gone through so much by that time that I

mungslose Pein, die mir das verursachte, werde ich genauso wenig vergessen wie die Zeit, als ich mir meine Zähne richten ließ. Aufgrund gewisser Umstände war ich gezwungen, die vier Stunden bis zum Ende durchzuhalten, und deshalb hielt ich durch; aber die Erinnerung an diese Zeit fortwährenden gnadenlosen Leidens wird mich immer verfolgen. Dass ich still dasitzen und das alles schweigend erdulden musste, machte es nur noch schlimmer. Ich befand mich hinter einer Balustrade in einem kleinen Raum, zusammen mit acht oder zehn Fremden beiderlei Geschlechts, was mich zur Selbstbeherrschung zwang, aber mein Leiden war mitunter so ungeheuer, dass ich meine Tränen kaum zurückhalten konnte. In solchen Augenblicken, als das Jaulen und Heulen und Kreischen der Sänger und das Wüten und Rasen und Donnern des riesigen Orchesters immer lauter und lauter und wilder und wilder und schriller und schriller wurden, da hätte ich, wenn ich allein gewesen wäre, am liebsten aufgeschrien. Hätte dies ein Mann getan, dem die Haut nach und nach abgezogen wird, dann hätte das die anwesenden Fremden nicht überrascht, aber in meinem Fall wären sie verwundert gewesen, und sie hätten dazu zweifellos ihre Kommentare abgegeben, obwohl das, was hier geschah, kein bisschen besser war als das Haut-Abziehen. Nach dem ersten Akt gab es eine halbstündige Pause, und in dieser Zeit hätte ich hinausgehen und mich ein wenig erholen können, aber ich misstraute mir, da ich annahm, ich könnte desertieren und wegbleiben. Gegen neun Uhr gab es noch eine Pause von einer halben Stunde, aber bis dahin hatte ich so viel

had no spirit left, and so had no desire but to be let alone. […]

I have since found out that there is nothing the Germans like so much as an opera. They like it, not in a mild and moderate way, but with their whole hearts. This is a legitimate result of habit and education. Our nation will like the opera, too, by and by, no doubt. One in fifty of those who attend our operas likes it already, perhaps, but I think a good many of the other forty-nine go in order to learn to like it, and the rest in order to be able to talk knowingly about it. The latter usually hum the airs while they are being sung, so that their neighbors may perceive that they have been to operas before. The funerals of these do not occur often enough. […]

Where and how did we get the idea that the Germans are a stolid, phlegmatic race? In truth, they are widely removed from that. They are warmhearted, emotional, impulsive, enthusiastic, their tears come at the mildest touch, and it is not hard to move them to laughter. They are the very children of impulse. We are cold and self-contained, compared to the Germans. They hug and kiss and cry and shout and dance and sing; and where we use one loving, petting expression, they pour out a score. Their language is full of endearing diminutives; nothing that they love escapes the application

mitgemacht, dass es mir an Willenskraft fehlte und ich nur noch den Wunsch hatte, in Ruhe gelassen zu werden. [...]

Seither habe ich entdeckt, dass die Deutschen nichts so sehr lieben wie eine Oper. Sie lieben sie nicht auf milde, gemäßigte Weise, sondern von ganzem Herzen. Dies ist das reguläre Ergebnis von Gewöhnung und Erziehung. Zweifellos wird auch unsere Nation Opern nach und nach lieben lernen. Jeder fünfzigste von denen, die bei uns eine Oper besuchen, liebt sie bereits – vielleicht –, aber ich glaube, dass viele von den übrigen neunundvierzig hingehen, um sie lieben zu lernen, und die andern gehen, um darüber klug reden zu können. Diese Letzteren summen im Allgemeinen die Melodien mit, während sie gesungen werden, um ihren Nachbarn zu zeigen, dass sie schon mal in einer Oper waren. Beerdigungen solcher Menschen finden viel zu selten statt. [...]

Wo und wie sind wir nur auf den Gedanken gekommen, die Deutschen seien ein langweiliges, phlegmatisches Volk? In Wahrheit sind sie alles andere. Sie sind warmherzig, gefühlvoll, leidenschaftlich, begeisterungsfähig, sie brechen beim kleinsten Anlass in Tränen aus, und es ist nicht schwer, sie zum Lachen zu bringen. Sie sind durch und durch temperamentvoll. Im Vergleich zu den Deutschen sind wir kalt und zurückhaltend. Sie umarmen und küssen einander und weinen und lärmen und tanzen und singen, und wo wir ein einzelnes liebevolles, empfindsames Wort aussprechen, verströmen sie ein ganzes Dutzend. Ihre Sprache ist reich an zärtlichen Verkleinerungsformen, und nichts kann sich so

of a petting diminutive – neither the house, nor the dog, nor the horse, nor the grandmother, nor any other creature, animate or inanimate.

In the theaters at Hanover, Hamburg, and Mannheim, they had a wise custom. The moment the curtain went up, the light in the body of the house went down. The audience sat in the cool gloom of a deep twilight, which greatly enhanced the glowing splendors of the stage. It saved gas, too, and people were not sweated to death.

When I saw 'King Lear' played, nobody was allowed to see a scene shifted; if there was nothing to be done but slide a forest out of the way and expose a temple beyond, one did not see that forest split itself in the middle and go shrieking away, with the accompanying disenchanting spectacle of the hands and heels of the impelling impulse – no, the curtain was always dropped for an instant – one heard not the least movement behind it – but when it went up, the next instant, the forest was gone. Even when the stage was being entirely reset, one heard no noise. During the whole time that 'King Lear' was playing the curtain was never down two minutes at any one time. The orchestra played until the curtain was ready to go up for the first time, then they departed for the evening. Where the stage waits never reach two minutes there is no occasion for music. [...]

einer niedlichen Verkleinerungsform entziehen, wenn sie es gernhaben, weder Haus noch Pferd noch Großmutter oder irgendein anderes Wesen, ob belebt oder unbelebt.

In den Theatern von Hannover, Hamburg und Mannheim herrschte eine kluge Sitte. Sobald sich der Vorhang hob, gingen die Lichter im Zuschauerraum aus, und das Publikum saß in einem tiefen, kühlen Halbdunkel, was die leuchtende Pracht der Bühne umso mehr hervorhob. Das sparte außerdem Gas, und die Leute schwitzten sich nicht zu Tode.

Bei der Vorstellung von ‹König Lear› durfte man nicht sehen, wie die Kulissen gewechselt wurden. Auch wenn nichts weiter zu tun war, als einen Wald beiseitezuschieben, so dass dahinter ein Tempel sichtbar wurde, sah man weder, wie dieser Wald sich in der Mitte teilte und quietschend verschwand, noch das desillusionierende Schauspiel der kräftigen Hände und Füße, die diesen Vorgang begleiteten. Nein, jedes Mal fiel der Vorhang für einen Augenblick, man hörte nicht die geringste Bewegung dahinter, und wenn er sich im nächsten Augenblick wieder hob, war der Wald verschwunden. Auch wenn das Bühnenbild vollständig geändert wurde, hörte man keinen Laut. Während der gesamten Vorführung von ‹König Lear› war der Vorhang nie länger als zwei Minuten unten. Das Orchester spielte, bis der Vorhang zum ersten Mal aufging, und dann gingen die Musiker nach Hause. Wenn Szenenwechsel nie mehr als zwei Minuten dauern, besteht kein Bedarf an Musik. […]

I was at a concert in Munich one night, the people were streaming in, the clock-hand pointed to seven, the music struck up, and instantly all movement in the body of the house ceased – nobody was standing, or walking up the aisles, or fumbling with a seat, the stream of incomers had suddenly dried up at its source. I listened undisturbed to a piece of music that was fifteen minutes long – always expecting some tardy ticket-holders to come crowding past my knees, and being continuously and pleasantly disappointed – but when the last note was struck, here came the stream again. You see, they had made those late comers wait in the comfortable waiting-parlor from the time the music had begun until it was ended.

It was the first time I had ever seen this sort of criminals denied the privilege of destroying the comfort of a house full of their betters. Some of these were pretty fine birds, but no matter, they had to tarry outside in the long parlor under the inspection of a double rank of liveried footmen and waiting-maids who supported the two walls with their backs and held the wraps and traps of their masters and mistresses on their arms.

We had no footmen to hold our things, and it was not permissible to take them into the concert-room; but there were some men and women to take charge of them for us. They gave us checks

An einem Abend ging ich in München in ein Konzert. Das Publikum strömte herbei, die Uhr zeigte sieben, die Musik erklang, und augenblicklich war es im Saal mucksmäuschenstill – niemand stand mehr herum oder lief den Gang entlang oder machte sich an seinem Sitz zu schaffen. Der Besucherstrom war mit einem Schlag versiegt. Ich lauschte ungestört einem Stück, das fünfzehn Minuten dauerte, wobei ich jeden Augenblick damit rechnete, dass verspätete Kartenbesitzer sich an meinen Knien vorbeidrängen würden – und immer wurde ich angenehm enttäuscht. Aber kaum war die letzte Note verklungen, da setzte der Zustrom wieder ein. Man hatte nämlich, sobald die Musik begonnen hatte, die zu spät Gekommenen in einem bequemen Warteraum warten lassen, bis das Stück zu Ende war.

Das war das erste Mal, dass ich erlebte, wie man solchen Kriminellen das Recht absprach, einem Saal voller ehrbarer Leute die Freude zu verderben. Bei manchen handelte es sich um ziemlich feine Pinkel, aber sie mussten trotzdem draußen in dem langgestreckten Wartesaal ausharren, beaufsichtigt von einer Doppelreihe livrierter Diener und Dienstmädchen, die mit dem Rücken die beiden Wände stützten und die Umhänge und Mäntel ihrer Herrschaften über dem Arm trugen.

Wir hatten keine Diener, die unsere Mäntel halten konnten, und es war nicht erlaubt, diese in den Saal mitzunehmen. Es gab jedoch einige Männer und Frauen, die uns unsere Sachen abnahmen. Sie gaben uns dafür Marken zu

for them and charged a fixed price, payable in advance – five cents.

In Germany they always hear one thing at an opera which has never yet been heard in America, perhaps – I mean the closing strain of a fine solo or duet. We always smash into it with an earthquake of applause. The result is that we rob ourselves of the sweetest part of the treat; we get the whiskey, but we don't get the sugar in the bottom of the glass.

Our way of scattering applause along through an act seems to me to be better than the Mannheim way of saving it all up till the act is ended. I do not see how an actor can forget himself and portray hot passion before a cold still audience. I should think he would feel foolish. It is a pain to me to this day, to remember how that old German Lear raged and wept and howled around the stage, with never a response from that hushed house, never a single outburst till the act was ended. To me there was something unspeakably uncomfortable in the solemn dead silences that always followed this old person's tremendous outpourings of his feelings. I could not help putting myself in his place – I thought I knew how sick and flat he felt during those silences […].

einem festen Preis, der im Voraus zu entrichten war – fünf Cent.

In Deutschland kann man in einer Oper etwas hören, das in Amerika vielleicht noch nie zu hören war: Ich meine die abschließenden Klänge eines wunderbaren Solos oder Duetts. Wir übertönen sie mit erdbebenartigem Applaus, und die Folge ist, dass wir uns um den schönsten Teil des Vergnügens bringen. Wir kriegen zwar den Whisky, aber wir kommen nicht an den Zucker auf dem Boden des Glases.

Die Weise, wie wir den Applaus über einen Akt hinweg verteilen, finde ich besser als die Mannheimer Art, alles für das Ende des Akts aufzuheben. Ich verstehe nicht, wie ein Schauspieler außer sich geraten und glühende Leidenschaft mimen soll, wenn das Publikum stumm und ungerührt bleibt. Ich denke, er muss sich ziemlich dämlich vorkommen. Es tut mir heute noch weh, wenn ich daran denke, wie dieser alte deutsche Lear auf der Bühne tobte und weinte und brüllte und aus dem stummen Zuschauersaal kein Widerhall kam, keine einzige Regung, bis der Akt zu Ende war. Diese tiefe, feierliche Stille, die jedes Mal auf die heftigen Gefühlsausbrüche dieses alten Mannes folgte, bereitete mir ein unbeschreibliches Unbehagen. Unwillkürlich versetzte ich mich in seine Lage und ahnte, wie elend und mutlos er sich während dieses Schweigens gefühlt haben muss. […]

A Trip to Heilbronn

The summer days passed pleasantly in Heidelberg.
We had a skilled trainer, and under his instructions
we were getting our legs in the right condition for
the contemplated pedestrian tours; we were well
satisfied with the progress which we had made in
the German language, and more than satisfied with
what we had accomplished in art. [...]

Mr Harris was graduated in Art about the same
time with myself, and we took a studio together. We
waited awhile for some orders; then as time began to
drag a little, we concluded to make a pedestrian tour.
After much consideration, we determined on a trip
up the shores of the beautiful Neckar to Heilbronn.
Apparently nobody had ever done that. There were
ruined castles on the overhanging cliffs and crags
all the way; these were said to have their legends,
like those on the Rhine, and what was better still,
they had never been in print. There was nothing in
the books about that lovely region; it had been ne-
glected by the tourist, it was virgin soil for the literary pioneer.

Meantime the knapsacks, the rough walking-
suits and the stout walking-shoes which we had ordered, were finished and brought to us. A Mr X and
a young Mr Z had agreed to go with us. We went
around one evening and bade good-bye to our friends,

Ein Abstecher nach Heilbronn

Die Sommertage in Heidelberg vergingen auf sehr angenehme Weise. Wir fanden einen erfahrenen Turnlehrer, und unter seiner Anleitung bekamen unsere Beine die nötige Kondition für unsere geplanten Wanderungen. Mit unserem Fortschritt in der deutschen Sprache waren wir sehr zufrieden, und noch zufriedener waren wir mit den Ergebnissen unserer Malerei. […]

Mr Harris erhielt sein Kunstdiplom etwa zur selben Zeit wie ich, und wir mieteten gemeinsam ein Atelier. Eine Weile warteten wir auf Aufträge, aber als immer mehr Zeit verging, beschlossen wir, uns auf Wanderschaft zu begeben. Nach langer Überlegung entschieden wir uns für eine Tour an den Ufern des schönen Neckar hinauf nach Heilbronn. Offenbar hatte das noch nie jemand unternommen. Überall entlang dieser Strecke standen Burgruinen auf steilen Hängen und Felsen. Angeblich gab es zu jeder von ihnen, wie zu den Burgen am Rhein, eine Sage, und was noch schöner war: Diese Sagen waren noch nie im Druck erschienen. Es gab keinerlei Bücher über diese liebliche Region, Touristen hatten sie noch nicht entdeckt, und für den literarischen Pionier war dies Neuland.

In der Zwischenzeit waren die Tornister, die robuste Wanderkleidung und die festen Stiefel, die wir bestellt hatten, fertig und wurden uns gebracht. Ein Mr X und ein jugendlicher Mr Z hatten eingewilligt, uns zu begleiten. So machten wir eines Abends die Runde und verabschiedeten uns

and afterward had a little farewell banquet at the hotel. We got to bed early, for we wanted to make an early start, so as to take advantage of the cool of the morning.

We were out of bed at break of day, feeling fresh and vigorous, and took a hearty breakfast, then plunged down through the leafy arcades of the Castle grounds, toward the town. What a glorious summer morning it was, and how the flowers did pour out their fragrance, and how the birds did sing! It was just the time for a tramp through the woods and mountains.

We were all dressed alike: broad slouch hats, to keep the sun off; gray knapsacks; blue army shirts; blue overalls; leathern gaiters buttoned tight from knee down to ankle; high-quarter coarse shoes snugly laced. Each man had an opera-glass, a canteen, and a guide-book case slung over his shoulder, and carried an alpenstock in one hand and a sun umbrella in the other. Around our hats were wound many folds of soft white muslin, with the ends hanging and flapping down our backs – an idea brought from the Orient and used by tourists all over Europe. Harris carried the little watch-like machine called a "pedometer," whose office is to keep count of a man's steps and tell how far he has walked. Everybody stopped to admire our costumes and give us a hearty "Pleasant march to you!"

von unseren Freunden und gaben dann im Hotel ein kleines Abschiedsessen. Wir legten uns früh schlafen, denn wir wollten beizeiten aufbrechen, um die Kühle des Morgens zu nutzen.

Bei Tagesanbruch waren wir aus den Betten. Wir fühlten uns frisch und munter, nahmen ein herzhaftes Frühstück zu uns und eilten alsbald durch die Blätterarkaden der Schlossgärten hinunter in die Stadt. Was für ein herrlicher Sommermorgen es war, welchen Duft die Blumen verströmten und wie die Vögel zwitscherten! Es war genau die richtige Zeit für eine Wanderung durch Wälder und Berge.

Wir waren alle gleich gekleidet: Große Schlapphüte zum Schutz vor der Sonne, graue Tornister, blaue Militärhemden, blaue Overalls, eng anliegende Ledergamaschen von den Knien bis zu den Fesseln, feste knöchelhohe Schnürstiefel. Ein jeder trug ein Opernglas bei sich, eine Trinkflasche und eine Umhängetasche für den Reiseführer; in der einen Hand hielten wir einen Wanderstab und in der anderen einen Sonnenschirm. Um unsere Hüte hatten wir weiches weißes Musselin in vielen Falten geschlungen, dessen Enden flatternd auf den Rücken herabhingen. Die Idee stammt aus dem Orient, und Touristen in ganz Europa tragen so etwas. Harris hatte ein kleines, uhrenähnliches Instrument dabei, ein sogenanntes Pedometer, das dazu dient, die Schritte zu zählen und einem zu sagen, wie weit man gelaufen ist. Unterwegs blieben die Leute stehen, um unsere Ausrüstung zu bestaunen und uns von Herzen eine «schöne Wanderung» zu wünschen.

When we got downtown I found that we could go by rail to within five miles of Heilbronn. The train was just starting, so we jumped aboard and went tearing away in splendid spirits. It was agreed all around that we had done wisely, because it would be just as enjoyable to walk *down* the Neckar as up it, and it could not be needful to walk both ways. […]

We reached Wimpfen – I think it was Wimpfen – in about three hours, and got out, not the least tired; found a good hotel and ordered beer and dinner – then took a stroll through the venerable old village. It was very picturesque and tumble-down, and dirty and interesting. It had queer houses five hundred years old in it, and a military tower 115 feet high, which had stood there more than ten centuries. I made a little sketch of it. I kept a copy, but gave the original to the Burgomaster. I think the original was better than the copy, because it had more windows in it and the grass stood up better and had a brisker look. There was none around the tower, though; I composed the grass myself […]

We had dinner under the green trees in a garden belonging to the hotel and overlooking the Neckar; then, after a smoke, we went to bed. We had a refreshing nap, then got up about three in the afternoon and put on our panoply. As we tramped gaily

Als wir die Stadt erreichten, stellten wir fest, dass wir uns Heilbronn mit der Eisenbahn bis auf fünf Meilen nähern konnten. Da der Zug zur Abfahrt bereitstand, stiegen wir ein und ratterten gut gelaunt los. Wir waren uns einig, dass wir das richtig gemacht hatten und dass es genauso schön ist, am Neckar fluss*abwärts* zu laufen wie fluss*aufwärts,* und dass es unnötig wäre, den Weg hin und zurück zu machen. [...]

Nach ungefähr drei Stunden erreichten wir Wimpfen – ich glaube, es war Wimpfen – und waren nicht im Mindesten ermüdet, als wir ausstiegen. Wir suchten uns ein gutes Hotel, bestellten Bier und etwas zu essen und machten dann einen Spaziergang durch dieses ehrwürdige alte Städtchen. Es war sehr malerisch und baufällig, schmutzig und interessant. Es gab wunderliche, fünfhundert Jahre alte Häuser und einen hundertfünfzehn Fuß hohen Wehrturm, der schon seit über zehn Jahrhunderten dort steht. Ich fertigte eine kleine Skizze davon an. Eine Kopie habe ich behalten, aber das Original habe ich dem Bürgermeister geschenkt. Ich glaube, das Original war besser, denn es sind mehr Fenster zu sehen, und das Gras steht aufrecht und sieht frischer aus. Um den Turm herum wächst keins, aber ich habe selbständig welches hineinkomponiert [...]

Unter den grünen Bäumen des Hotelgartens, von wo aus man den Neckar sieht, aßen wir zu Abend, und nachdem wir etwas geraucht hatten, gingen wir zu Bett. Erquickt von unserem Schlaf standen wir gegen drei Uhr nachmittags auf und legten unsere Ausrüstung an. Als wir munter

out at the gate of the town, we overtook a peasant's cart, partly laden with odds and ends of cabbages and similar vegetable rubbish, and drawn by a small cow and a smaller donkey yoked together. It was a pretty slow concern, but it got us into Heilbronn before dark – five miles, or possibly it was seven.

Staying at Götz von Berlichingen's Inn

We stopped at the very same inn which the famous old robber-knight and rough fighter Götz von Berlichingen, abode in after he got out of captivity in the Square Tower of Heilbronn between three hundred and fifty and four hundred years ago. Harris and I occupied the same room which he had occupied and the same paper had not quite peeled off the walls yet. The furniture was quaint old carved stuff, full four hundred years old, and some of the smells were over a thousand. There was a hook in the wall, which the landlord said the terrific old Götz used to hang his iron hand on when he took it off to go to bed. This room was very large – it might be called immense – and it was on the first floor; which means it was in the second story, for in Europe the houses are so high that they do not count the first story, else they would get tired climbing before they got to the

aus dem Stadttor schritten, kamen wir an einem Bauern-
wagen vorbei, der zur Hälfte mit Kohlblättern und -strün-
ken und anderem Gemüseabfall beladen war und von einem
Gespann aus einer kleinen Kuh und einem noch kleineren
Esel gezogen wurde. Es war ein ziemlich langsames Gefährt,
aber es brachte uns vor Anbruch der Dunkelheit nach
Heilbronn – fünf Meilen, oder vielleicht waren es sieben.

Übernachten bei Götz von Berlichingen

Wir stiegen im selben Gasthof ab, in dem der berühmte
alte Raubritter und Kämpe Götz von Berlichingen wohnte,
nachdem er aus der Haft im Bollwerksturm von Heilbronn
entlassen worden war, vor dreihundertfünfzig bis vierhundert Jahren. Harris und ich teilten dasselbe Zimmer, in dem
auch er geschlafen hatte, und die alte Tapete war noch nicht
ganz von den Wänden gefallen. Die Möbel waren seltsam
geschnitztes Zeug, mindestens vierhundert Jahre alt, und
der Geruch war mehr als tausend Jahre alt. An der Wand
befand sich ein Haken, an dem, wie uns der Gastwirt erzählte, der schreckliche Götz seine eiserne Hand aufhängte,
bevor er ins Bett ging. Dieses Zimmer war sehr groß –
man könnte auch «riesig» sagen –, und es lag im ersten
Stock, was bedeutet, dass es im zweiten Stock lag, denn in
Europa sind die Häuser so hoch, dass man das untere Stock-
werk nicht mitzählt, sonst wäre man vom Treppensteigen
schon erschöpft, bevor man ganz oben ankommt. Die Tapete

top. The wallpaper was a fiery red, with huge gold figures in it, well smirched by time, and it covered all the doors. These doors fitted so snugly and continued the figures of the paper so unbrokenly, that when they were closed one had to go feeling and searching along the wall to find them. There was a stove in the corner – one of those tall, square, stately white porcelain things that looks like a monument and keeps you thinking of death when you ought to be enjoying your travels. The windows looked out on a little alley, and over that into a stable and some poultry and pig yards in the rear of some tenement houses. There were the customary two beds in the room, one in one end, the other in the other, about an old-fashioned brass-mounted, single-barreled pistol-shot apart. They were fully as narrow as the usual German bed, too, and had the German bed's ineradicable habit of spilling the blankets on the floor every time you forgot yourself and went to sleep.

A round table as large as King Arthur's stood in the center of the room; while the waiters were getting ready to serve our dinner on it we all went out to see the renowned clock on the front of the municipal buildings. [...]

When the landlord learned that I and my agents were artists, our party rose perceptibly in his esteem; we rose still higher when he learned that we were making a pedestrian tour of Europe.

war feuerrot mit großen goldenen, im Laufe der Zeit nach-
gedunkelten Mustern, und sie bedeckte auch die Türen. Diese
Türen schlossen so dicht ab und führten das Tapetenmuster
so bruchlos fort, dass man, wenn sie geschlossen waren, sich
suchend an der Wand entlangtasten musste, um sie zu finden. In der Ecke stand ein Ofen – eins von diesen hohen,
breiten, imposanten Dingern aus weißem Porzellan, die
aussehen wie Grabmäler und einen ständig an den Tod erinnern, während man eigentlich seine Reise genießen sollte.
Von den Fenstern aus blickte man in ein Gässchen und jenseits davon auf einen Pferdestall sowie mehrere Hühner-
und Schweineställe an der Rückseite einiger Wohnhäuser.
Im Zimmer standen die üblichen zwei Betten, das eine
am einen Ende und das andere am andern, in Schussweite
einer altmodischen, messingbeschlagenen einläufigen Pis-
tole voneinander. Sie waren genauso eng wie alle deutschen
Betten und hatten die unausrottbare Gewohnheit deutscher
Betten, jedes Mal, wenn man nicht aufpasste und einschlief,
die Decken auf den Boden zu werfen.

Mitten im Zimmer stand ein runder Tisch, so groß wie
der des Königs Artus. Während die Kellner sich daran-
machten, unser Essen darauf zu servieren, gingen wir hinaus, um die berühmte Uhr am Rathaus zu besichtigen. […]

Als der Besitzer des Gasthofs erfuhr, dass mein Reise-
begleiter und ich Maler waren, stieg unsere kleine Gesell-
schaft merklich in seiner Achtung, und wir stiegen noch
höher, als er hörte, dass wir auf einer Fußwanderung durch
Europa waren.

He told us all about the Heidelberg road, and which were the best places to avoid and which the best ones to tarry at; he charged me less than cost for the things I broke in the night; he put up a fine luncheon for us and added to it a quantity of great light-green plums, the pleasantest fruit in Germany; he was so anxious to do us honor that he would not allow us to walk out of Heilbronn, but called up Götz von Berlichingen's horse and cab and made us ride. [...]

We discharged the carriage at the bridge. The river was full of logs – long, slender, barkless pine logs – and we leaned on the rails of the bridge, and watched the men put them together into rafts. These rafts were of a shape and construction to suit the crookedness and extreme narrowness of the Neckar. They were from fifty to one hundred yards long, and they gradually tapered from a nine-log breadth at their sterns, to a three-log breadth at their bow-ends. The main part of the steering is done at the bow, with a pole; the three-log breadth there furnishes room for only the steersman, for these little logs are not larger around than an average young lady's waist. The connections of the several sections of the raft are slack and pliant, so that the raft may be readily bent into any sort of curve required by the shape of the river.

The Neckar is in many places so narrow that a person can throw a dog across it, if he has one; when

Er beschrieb uns ausführlich den Weg nach Heidelberg, welche Orte man am besten mied und welche einen Aufenthalt lohnten. Er berechnete mir weniger als den Wiederbeschaffungswert für die Dinge, die ich während der Nacht zerbrochen hatte, setzte uns eine schöne Mahlzeit vor und gab etliche große hellgrüne Pflaumen dazu, das beste Obst in Deutschland. Er war so sehr bemüht, uns Ehre widerfahren zu lassen, dass er uns nicht gestattete, Heilbronn zu Fuß zu verlassen, sondern er bestellte die Pferdekutsche des Götz von Berlichingen, mit der wir fahren mussten. […]

An der Brücke entließen wir die Kutsche. Der Fluss war voller Baumstämme – langer, schlanker, entrindeter Kiefernstämme –, und wir lehnten uns über das Brückengeländer und sahen zu, wie die Männer diese Stämme zu Flößen zusammenbanden. Diese Flöße waren so beschaffen, wie es die Windungen und die Enge des Neckartals erfordern. Sie waren zwischen fünfzig und hundert Yards lang und liefen vom Heck, wo sie neun Stämme breit waren, allmählich zum Bug hin zusammen, wo die Breite drei Stämme betrug. Sie werden hauptsächlich vom Bug aus mit einer Stange gelenkt. Wegen der Breite von drei Stämmen ist dort nur Platz für den Steuermann, denn der Umfang dieser Stämme ist nicht größer als der durchschnittliche Taillenumfang einer jungen Dame. Die Verbindungen zwischen den Teilen eines Floßes sind locker und nachgiebig, so dass das Floß sich den Biegungen des Flusses anpassen kann.

An vielen Stellen ist der Neckar so schmal, dass man einen Hund hinüberwerfen könnte, falls man einen hat.

it is also sharply curved in such places, the raftsman has to do some pretty nice snug piloting to make the turns. The river is not always allowed to spread over its whole bed – which is as much as thirty, and sometimes forty yards wide – but is split into three equal bodies of water, by stone dikes which throw the main volume, depth, and current into the central one. In low water these neat narrow-edged dikes project four or five inches above the surface, like the comb of a submerged roof, but in high water they are overflowed. A hatful of rain makes high water in the Neckar, and a basketful produces an overflow.

There are dikes abreast the Schloss Hotel, and the current is violently swift at that point. I used to sit for hours in my glass cage, watching the long, narrow rafts slip along through the central channel, grazing the right-bank dike and aiming carefully for the middle arch of the stone bridge below; I watched them in this way, and lost all this time hoping to see one of them hit the bridge-pier and wreck itself sometime or other, but was always disappointed. One was smashed there one morning, but I had just stepped into my room a moment to light a pipe, so I lost it.

Wenn der Fluss an solchen Stellen auch noch eine scharfe Biegung macht, muss der Flößer sehr geschickt steuern, um hindurchzukommen. Nicht überall lässt man den Fluss die ganze Weite seines Bettes einnehmen, das dreißig und manchmal sogar vierzig Yards breit ist. Er wird dann durch Steinwälle in drei gleiche Wasserläufe geteilt, und die größte Wassermenge und -strömung wird in den mittleren Kanal geleitet. Bei Niedrigwasser ragen diese säuberlichen schmalen Dämme vier oder fünf Zoll über die Oberfläche wie der First eines versunkenen Daches, während sie bei Hochwasser überflutet sind. Ein Hutvoll Regen führt im Neckar zu Hochwasser, und bei einem Korbvoll gibt es eine Überschwemmung.

Gegenüber dem Schlosshotel verlaufen solche Dämme, und die Strömung ist an dieser Stelle reißend. Oft saß ich stundenlang in meinem Glaskäfig und sah zu, wie die langen, schmalen Flöße durch den mittleren Kanal glitten, wobei sie den rechten Damm streiften und sorgfältig auf den mittleren Bogen der steinernen Brücke zusteuerten. So saß ich da und vergeudete meine Zeit in der Hoffnung, dass eins von ihnen einmal auf den Brückenpfeiler prallen und auseinanderbrechen würde, wurde aber stets enttäuscht. Als eines Morgens ein Floß dort zerbarst, war ich für einen Augenblick in mein Zimmer gegangen, um mir eine Pfeife anzuzünden, und so entging es mir.

Downriver on a Raft

While I was looking down upon the rafts that morning in Heilbronn, the dare-devil spirit of adventure came suddenly upon me, and I said to my comrades:

"*I am* going to Heidelberg on a raft. Will you venture with me?"

Their faces paled a little, but they assented with as good a grace as they could. Harris wanted to cable his mother – thought it his duty to do that, as he was all she had in this world – so, while he attended to this, I went down to the longest and finest raft and hailed the captain with a hearty "Ahoy, shipmate!" which put us upon pleasant terms at once, and we entered upon business. I said we were on a pedestrian tour to Heidelberg, and would like to take passage with him. I said this partly through young Z, who spoke German very well, and partly through Mr X, who spoke it peculiarly. I can *understand* German as well as the maniac that invented it, but I *talk* it best through an interpreter.

The captain hitched up his trousers, then shifted his quid thoughtfully. Presently he said just what I was expecting he would say – that he had no license to carry passengers, and therefore was afraid the law would be after him in case the matter got noised about or any accident happened. So I *chartered* the raft and the crew and took all the responsibilities on myself.

Auf dem Floß stromabwärts

Während ich an diesem Morgen in Heilbronn auf die Flöße hinunterblickte, wurde ich plötzlich von einer verwegenen Abenteuerlust gepackt, und ich sagte zu meinen Gefährten:

«*Ich* werde auf einem Floß nach Heidelberg fahren. Kommt ihr mit?»

Sie wurden etwas blass, machten dann aber gute Miene zum bösen Spiel und stimmten zu. Harris wollte seiner Mutter ein Telegramm schicken – er fand, dass er ihr das schuldete, da er doch ihr Ein und Alles war – und während er sich darum kümmerte, ging ich hinunter zum längsten und schönsten der Flöße und rief dem Kapitän ein herzhaftes «Ahoi, Schiffer!» zu. Das schuf sofort eine freundliche Atmosphäre, und wir kamen zur Sache. Ich sagte, wir seien auf einer Fußwanderung nach Heidelberg und würden gerne bei ihm mitfahren. Ich teilte ihm das teils durch den jungen Z mit, der gut Deutsch sprach, und teils durch Mr X, dessen Deutsch sonderbar war. *Verstehen* kann ich die deutsche Sprache genauso gut wie der Irre, der sie erfunden hat, aber ich *spreche* sie am besten durch einen Dolmetscher.

Der Kapitän zog seine Hosen hoch und schob seinen Priem bedächtig in die andere Backe. Dann sagte er, womit ich schon gerechnet hatte – dass er keine Befugnis habe, Passagiere zu befördern und er deshalb befürchte, dass ihm die Gesetzeshüter im Nacken säßen, falls die Sache publik würde oder etwas schiefginge. Also *mietete* ich das ganze Floß samt Mannschaft und nahm alle Verantwortung auf mich.

With a rattling song the starboard watch bent to their work and hove the cable short, then got the anchor home, and our bark moved off with a stately stride, and soon was bowling along at about two knots an hour.

Our party were grouped amidships. At first the talk was a little gloomy, and ran mainly upon the shortness of life, the uncertainty of it, the perils which beset it, and the need and wisdom of being always prepared for the worst; this shaded off into low-voiced references to the dangers of the deep, and kindred matters; but as the gray east began to redden and the mysterious solemnity and silence of the dawn to give place to the joy-songs of the birds, the talk took a cheerier tone, and our spirits began to rise steadily.

Germany, in the summer, is the perfection of the beautiful, but nobody has understood, and realized, and enjoyed the utmost possibilities of this soft and peaceful beauty unless he has voyaged down the Neckar on a raft. The motion of a raft is the needful motion; it is gentle, and gliding, and smooth, and noiseless; it calms down all feverish activities, it soothes to sleep all nervous hurry and impatience; under its restful influence all the troubles and vexations and sorrows that harass the mind vanish away, and existence becomes a dream, a charm, a deep and tranquil ecstasy. How it contrasts with hot and per-

Mit einem kernigen Lied machte sich die Steuerbord-
wache an die Arbeit, holte das Ankertau an und lichtete
dann den Anker, und so nahm unsere stolze Barke Fahrt
auf und driftete bald mit etwa zwei Knoten in der Stunde
dahin.

Unser Grüppchen versammelte sich mittschiffs. Anfangs
waren die Gespräche etwas düster und drehten sich hauptsächlich um die Kürze und Unsicherheit des Lebens, die
Gefahren, denen es ausgesetzt ist, und darum, dass es not-
wendig und klug ist, jederzeit auf das Schlimmste gefasst zu
sein. Das ging über in leise Bemerkungen über die Gefahren
der Tiefe und Ähnliches, aber als das Grau im Osten sich zu
röten begann und die geheimnisvolle, feierliche Stille der
Morgenstunde dem munteren Zwitschern der Vögel wich,
nahm unsere Unterhaltung bald einen zuversichtlicheren
Ton an, und unsere Stimmung besserte sich nach und nach.

Deutschland im Sommer ist der Inbegriff von Schönheit,
aber was diese sanfte, stille Schönheit vermag, kann man
erst verstehen und wahrnehmen und zutiefst genießen,
wenn man auf einem Floß den Neckar hinuntergefahren ist.
Ein Floß bewegt sich vorwärts, weil es muss. Es ist eine sanfte, gleitende, gleichmäßige und stille Bewegung; sie beruhigt
alles fiebrige Treiben, schläfert Hektik und Ungeduld ein.
Unter ihrem besänftigenden Einfluss verschwindet alles,
was einen quält, alle Sorgen, aller Ärger und Kummer, und
das Leben wird zu einem Traum, einem Zauber, einer tiefen,
ruhevollen Verzückung. Wie sehr unterscheidet sich das
von der anstrengenden, schweißtreibenden Fortbewegung

spiring pedestrianism, and dusty and deafening rail-road rush, and tedious jolting behind tired horses over blinding white roads! [...]

Men and women and cattle were at work in the dewy fields by this time. The people often stepped aboard the raft, as we glided along the grassy shores, and gossiped with us and with the crew for a hundred yards or so, then stepped ashore again, refreshed by the ride.

Only the men did this; the women were too busy. The women do all kinds of work on the continent. They dig, they hoe, they reap, they sow, they bear monstrous burdens on their backs, they shove similar ones long distances on wheelbarrows, they drag the cart when there is no dog or lean cow to drag it – and when there is, they assist the dog or cow. Age is no matter – the older the woman the stronger she is, apparently. On the farm a woman's duties are not defined – she does a little of everything; but in the towns it is different, there she only does certain things, the men do the rest. For instance, a hotel chambermaid has nothing to do but make beds and fires in fifty or sixty rooms, bring towels and candles, and fetch several tons of water up several flights of stairs, a hundred pounds at a time, in prodigious metal pitchers. She does not have to work more than eighteen or twenty hours a day, and she can always get down on her knees and scrub

zu Fuß, von dem staubigen, ohrenbetäubenden Rasen der Eisenbahn und dem eintönigen Dahinholpern hinter einem müden Pferdegespann auf grellweißen Landstraßen! […]

Mittlerweile waren Männer und Frauen und Vieh in den taubedeckten Feldern an der Arbeit. Die Leute stiegen oft herüber auf das Floß, während wir am grasbedeckten Ufer entlangglitten, plauderten mit uns und der Besatzung während der nächsten hundert Meter und stiegen dann wieder ans Ufer, erquickt von der kleinen Fahrt.

Nur die Männer taten das, die Frauen hatten zu viel zu tun. Auf dem Kontinent verrichten die Frauen jede Art von Arbeit. Sie graben, sie hacken, sie ernten, sie säen, sie schleppen gewaltige Lasten auf dem Rücken, sie schieben ähnliche Lasten weite Strecken auf Schubkarren, sie ziehen den Wagen, wenn kein Hund oder mageres Rind da ist, um das zu übernehmen, und wenn es welche gibt, dann helfen sie dem Hund oder Rind. Alter spielt keine Rolle. Anscheinend ist eine Frau umso kräftiger, je älter sie ist. Auf dem Bauernhof sind die Aufgaben einer Frau nicht genau festgelegt, sie tut von allem etwas. In der Stadt dagegen ist das anders, dort übernimmt sie nur gewisse Dinge, und die Männer tun alles Übrige. In einem Hotel zum Beispiel hat ein Zimmermädchen nichts weiter zu tun, als in fünfzig oder sechzig Zimmern die Betten zu beziehen und Feuer zu machen, Handtücher und Kerzen zu bringen und mehrere Tonnen Wasser mehrere Treppen hinaufzutragen, jeweils hundert Pfund in riesigen Metallkannen. Sie muss nicht mehr als achtzehn oder zwanzig Stunden am Tag arbeiten, und sie kann sich jederzeit

the floors of halls and closets when she is tired and needs a rest.

As the morning advanced and the weather grew hot, we took off our outside clothing and sat in a row along the edge of the raft and enjoyed the scenery, with our sun umbrellas over our heads and our legs dangling in the water. Every now and then we plunged in and had a swim. Every projecting grassy cape had its joyous group of naked children, the boys to themselves and the girls to themselves, the latter usually in care of some motherly dame who sat in the shade of a tree with her knitting. The little boys swam out to us, sometimes, but the little maids stood knee-deep in the water and stopped their splashing and frolicking to inspect the raft with their innocent eyes as it drifted by. Once we turned a corner suddenly and surprised a slender girl of twelve years or upward, just stepping into the water. She had not time to run, but she did what answered just as well; she promptly drew a lithe young willow bough athwart her white body with one hand, and then contemplated us with a simple and untroubled interest. Thus she stood while we glided by. She was a pretty creature, and she and her willow bough made a very pretty picture, and one which could not offend the modesty of the most fastidious spectator. Her white skin had a low bank of fresh green willows for background and effective contrast – for she stood against them –

hinknien und in den Gängen und Klosetts den Fußboden schrubben, wenn sie mal müde ist und sich ausruhen will.

Später am Morgen, als es heißer wurde, legten wir unsere Oberbekleidung ab, setzen uns nebeneinander an den Rand des Floßes und genossen die Aussicht, unsere Sonnenschirme über uns und die Füße im Wasser. Ab und zu sprangen wir hinein und schwammen ein wenig. Auf jeder grasbewachsenen Landzunge gab es eine fröhliche Schar nackter Kinder, Jungen und Mädchen getrennt, und Letztere meist unter der Aufsicht einer Matrone, die im Schatten eines Baumes saß und strickte. Die kleinen Jungen kamen manchmal zu uns herübergeschwommen, aber die kleinen Mädchen blieben knietief im Wasser stehen, unterbrachen ihr Planschen und Spielen und beobachteten mit ihren unschuldigen Augen das Floß, während es vorübertrieb. Einmal kamen wir plötzlich um eine Flussbiegung und überraschten ein zierliches Mädchen von zwölf oder etwas mehr Jahren, das gerade ins Wasser stieg. Sie hatte keine Zeit mehr, um wegzulaufen, aber sie tat, was genauso gut war: Sie zog geschwind mit einer Hand einen biegsamen jungen Weidenzweig vor ihren weißen Körper und sah uns dann mit argloser, unverhohlener Neugier an. So stand sie da, während wir vorbeiglitten. Sie war ein hübsches Geschöpf, und mit ihrem Weidenzweig gab sie ein sehr ansprechendes Bild ab, an dem auch der prüdeste Betrachter keinen Anstoß hätte nehmen können. Vor dem Hintergrund einer flachen Böschung mit frischen grünen Weiden hob sich das Weiß ihrer Haut wirkungsvoll ab, und aus dem Laub,

and above and out of them projected the eager faces and white shoulders of two smaller girls.

Toward noon we heard the inspiriting cry, –

"Sail ho!"

"Where away?" shouted the captain.

"Three points off the weather bow!"

We ran forward to see the vessel. It proved to be a steamboat – for they had begun to run a steamer up the Neckar, for the first time in May. She was a tug, and one of a very peculiar build and aspect. I had often watched her from the hotel, and wondered how she propelled herself, for apparently she had no propeller or paddles. She came churning along, now, making a deal of noise of one kind or another, and aggravating it every now and then by blowing a hoarse whistle. She had nine keel-boats hitched on behind and following after her in a long, slender rank. We met her in a narrow place, between dikes, and there was hardly room for us both in the cramped passage. As she went grinding and groaning by, we perceived the secret of her moving impulse. She did not drive herself up the river with paddles or propeller, she pulled herself by hauling on a great chain. This chain is laid in the bed of the river and is only fastened at the two ends. It is seventy miles long. It comes in over the boat's bow, passes around a drum, and is payed out astern. She pulls on that chain, and so drags herself up the river or down it.

vor dem sie stand, lugten neugierig die Gesichter und weißen Schultern von zwei kleineren Mädchen hervor.

Gegen Mittag hörten wir den aufmunternden Ruf:

«Schiff voraus!»

«Welche Richtung?», rief der Kapitän zurück.

«Drei Strich an der Windseite!»

Wir liefen nach vorne, um das Fahrzeug zu sehen. Es
erwies sich als ein Dampfschiff, denn man hatte im Mai
neckaraufwärts einen Dampfer in Betrieb genommen. Es
war ein Schlepper von sonderbarem Bau und Aussehen.
Vom Hotel aus hatte ich ihn öfters beobachtet und mich gefragt, wie er wohl angetrieben würde, denn er schien weder
Schraube noch Paddelräder zu besitzen. Er kam jetzt mühsam näher und machte allerhand Lärm, der von Zeit zu Zeit
noch lauter wurde, wenn er ein heiseres Pfeifsignal gab. Er
zog neun Schleppkähne, die ihm in langer, schlanker Reihe
folgten. Wir trafen an einer schmalen Stelle mit ihm zusammen, zwischen Deichmauern, wo in der Enge kaum
Platz für uns beide war. Als er knirschend und stöhnend
vorbeifuhr, entdeckten wir das Geheimnis seines Antriebs.
Er bewegte ich nämlich nicht mit Paddeln oder Schraube
flussaufwärts, sondern zog sich an einer langen Kette vorwärts. Diese Kette liegt auf dem Grund des Flusses und ist
nur an den beiden Enden befestigt. Sie ist siebzig Meilen
lang. Die Kette kommt am Bug herein, wird um eine Trom-
mel herumgeführt und kommt achtern wieder heraus. An
dieser Kette hangelt sich das Schiff entlang, flussauf und
flussab. Es hat weder einen Bug noch ein Heck im her-

She has neither bow or stern, strictly speaking, for she has a long-bladed rudder on each end and she never turns around. She uses both rudders all the time, and they are powerful enough to enable her to turn to the right or the left and steer around curves, in spite of the strong resistance of the chain. I would not have believed that that impossible thing could be done; but I saw it done, and therefore I know that there is one impossible thing which *can* be done. What miracle will man attempt next?

We met many big keel-boats on their way up, using sails, mule power, and profanity – a tedious and laborious business. A wire rope led from the fore-top mast to the file of mules on the tow-path a hundred yards ahead, and by dint of much banging and swearing and urging, the detachment of drivers managed to get a speed of two or three miles an hour out of the mules against the stiff current. The Neckar has always been used as a canal, and thus has given employment to a great many men and animals; but now that this steamboat is able, with a small crew and a bushel or so of coal, to take nine keel-boats farther up the river in one hour than thirty men and thirty mules can do it in two, it is believed that the old-fashioned towing industry is on its death-bed. A second steamboat began work in the Neckar three months after the first one was put in service.

kömmlichen Sinn, denn es besitzt an beiden Enden ein großes Steuerruder und wendet niemals. Diese beiden Ruder
benutzt es fortwährend, und sie sind kräftig genug, um das
Schiff nach links und rechts und um Biegungen herumzu-
manövrieren, trotz des starken Widerstands der Kette. Ich
hätte nie gedacht, dass etwas so Unmögliches möglich wäre,
aber ich habe es selber gesehen und weiß nun, dass es mindestens *eine* Unmöglichkeit gibt, die möglich ist. An welchen Wunderwerken wird sich der Mensch wohl als Nächstes versuchen?

Wir begegneten vielen Kielbooten auf ihrem Weg flussaufwärts, die mithilfe von Segeln, Zugtieren und Flüchen
vorankamen – eine zeitraubende und mühsame Sache. Ein
Drahtseil führte vom Fockmast hundert Meter voraus zu
einer Reihe von Maultieren auf dem Treidelpfad, und mit
viel Prügeln und Fluchen und Zureden gelang es der Gruppe
von Maultiertreibern, die Tiere zu einer Geschwindigkeit
von zwei oder drei Meilen in der Stunde gegen die starke
Strömung zu nötigen. Der Neckar ist schon immer als Was-
serstraße genutzt worden und hat folglich zahlreichen Menschen und Tieren Arbeit gegeben; aber jetzt ist dieser Dampfer in der Lage, mit einer kleinen Besatzung und etwa vierzig
Kilo Kohle neun Schleppkähne in einer Stunde weiter den
Fluss hinaufzuziehen, als es dreißig Männer und dreißig
Maultiere in zwei Stunden vermögen, und darum nimmt
man an, dass das altehrwürdige Treidlergewerbe dem Un-
tergang geweiht ist. Ein zweites Dampfschiff nahm seinen
Dienst auf dem Neckar drei Monate nach dem ersten auf.

At noon we stepped ashore and bought some
bottled beer and got some chickens cooked, while
the raft waited; then we immediately put to sea
again, and had our dinner while the beer was cold
and the chickens hot. There is no pleasanter place
for such a meal than a raft that is gliding down
the winding Neckar past green meadows and
wooded hills, and slumbering villages, and craggy
heights graced with crumbling towers and battlements.

In one place we saw a nicely dressed German
gentleman without any spectacles. Before I could
come to anchor he had got away. It was a great pity.
I so wanted to make a sketch of him. The captain
comforted me for my loss, however, by saying that
the man was without any doubt a fraud who had
spectacles, but kept them in his pocket in order to
make himself conspicuous.

Below Hassmersheim we passed Hornberg, Götz
von Berlichingen's old castle. It stands on a bold
elevation two hundred feet above the surface of the
river; it has high vine-clad walls enclosing trees,
and a peaked tower about seventy-five feet high.
The steep hillside, from the castle clear down to the
water's edge, is terraced, and clothed thick with grape
vines. This is like farming a mansard roof. All the
steeps along that part of the river which furnish
the proper exposure, are given up to the grape.

In der Mittagszeit gingen wir an Land, kauften ein paar Flaschen Bier und ließen uns, während das Floß auf uns wartete, einige Hähnchen braten. Dann stachen wir gleich wieder in See und verzehrten unsere Mahlzeit, solange das Bier noch kalt und die Hähnchen warm waren. Es gibt für ein solches Essen keinen schöneren Platz als ein Floß, das die Windungen des Neckar hinuntergleitet, vorbei an grünen Wiesen und bewaldeten Hügeln, verschlafenen Dörfern und felsigen Höhen, die von Turmruinen und alten Wehrmauern geschmückt sind.

An einer Stelle sah ich einen gutgekleideten deutschen Herrn, der keine Brille trug. Noch ehe ich vor Anker gehen konnte, war er verschwunden. Das war sehr schade, denn ich hätte zu gerne eine Skizze von ihm angefertigt. Der Kapitän tröstete mich aber und sagte, der Mann sei zweifelsfrei ein Schwindler gewesen, der zwar eine Brille besaß, sie aber in der Tasche ließ, um Aufmerksamkeit zu erregen.

Unterhalb von Haßmersheim passierten wir Hornberg, die alte Burg des Götz von Berlichingen. Sie steht zweihundert Fuß über dem Fluss auf einem stolzen Felsen; hinter ihren von Weinlaub bedeckten Mauern wachsen Bäume, und sie besitzt einen etwa fünfundsiebzig Fuß hohen spitzen Turm. Auf den Terrassen des steilen Abhangs stehen Weinstöcke dicht an dicht von der Burg bis hinunter an den Fluss. Es ist wie Gartenbau auf einem Mansardendach. An diesem Abschnitt des Flusses werden alle Steilhänge, sofern sie der Sonne zugewandt sind, für Weinbau genutzt. In die-

That region is a great producer of Rhine wines. The Germans are exceedingly fond of Rhine wines; they are put up in tall, slender bottles, and are considered a pleasant beverage. One tells them from vinegar by the label. [...]

High German, Court German, Platt-Deutsch

In the morning we took breakfast in the garden, under the trees, in the delightful German summer fashion. The air was filled with the fragrance of flowers and wild animals; the living portion of the menagerie of the "Naturalist Tavern" was all about us. There were great cages populous with fluttering and chattering foreign birds, and other great cages and greater wire pens, populous with quadrupeds, both native and foreign. There were some free creatures, too, and quite sociable ones they were. White rabbits went loping about the place, and occasionally came and sniffed at our shoes and shins; a fawn, with a red ribbon on its neck, walked up and examined us fearlessly; rare breeds of chickens and doves begged for crumbs, and a poor old tailless raven hopped about with a humble, shamefaced mien which said, "Please do not notice my exposure – think how you would feel in my circumstances, and be charitable." If he was observed too much, he would retire behind something

ser Region werden große Mengen von Rheinwein hergestellt. Die Deutschen lieben Rheinwein über alles. Er wird in hohen, schlanken Flaschen serviert und gilt als ein schmackhaftes Getränk. Man kann ihn anhand des Etiketts von Essig unterscheiden. […]

Hoch-, Hof- und Plattdeutsch

Am Morgen frühstückten wir, wie es im Sommer in Deutschland der schöne Brauch ist, unter Bäumen im Garten. In der Luft lag der Duft von Blumen und wilden Tieren. Wir waren umgeben vom lebendigen Teil der Menagerie des «Naturfreunde-Gasthofs». Es gab große Käfige, die von flatternden, schnatternden Vögeln aus fremden Ländern bevölkert waren, und andere Käfige und eingezäunte Gehege voller einheimischer und fremder Vierbeiner. Einige Tiere liefen sogar frei herum, und sie waren sehr zutraulich. Weiße Kaninchen hoppelten umher und näherten sich manchmal, um an unseren Schuhen und Beinen zu schnuppern; ein Rehkitz mit einem roten Band um den Hals kam heran und betrachtete uns furchtlos; seltene Zuchthühner und -tauben bettelten um Brotkrumen, und ein armer alter Rabe ohne Schwanzfedern hüpfte schüchtern und verschämt umher, als wollte er sagen: «Bitte beachtet meine Blöße nicht. Stellt euch vor, wie euch in meiner Lage zumute wäre, und seid barmherzig.» Wenn man ihm zu viel Aufmerksamkeit schenkte, versteckte er sich irgendwo und blieb dort, bis er das Gefühl hatte, dass

and stay there until he judged the party's interest had found another object. I never have seen another dumb creature that was so morbidly sensitive. [...]

After breakfast we climbed the hill and visited the ancient castle of Hirschhorn, and the ruined church near it. There were some curious old bas-reliefs leaning against the inner walls of the church – sculptured lords of Hirschhorn in complete armor, and ladies of Hirschhorn in the picturesque court costumes of the Middle Ages. These things are suffering damage and passing to decay, for the last Hirschhorn has been dead two hundred years, and there is nobody now who cares to preserve the family relics. In the chancel was a twisted stone column, and the captain told us a legend about it, of course, for in the matter of legends he could not seem to restrain himself; but I do not repeat his tale because there was nothing plausible about it except that the Hero wrenched this column into its present screw-shape with his hands – just one single wrench. All the rest of the legend was doubtful.

But Hirschhorn is best seen from a distance, down the river. Then the clustered brown towers perched on the green hilltop, and the old battlemented stone wall, stretching up and over the grassy ridge and disappearing in the leafy sea beyond, make a picture whose grace and beauty entirely satisfy the eye.

We descended from the church by steep stone

sich das Interesse einem anderen Gegenstand zugewandt hatte. Ich habe nie wieder eine stumme Kreatur erlebt, die so krankhaft empfindlich war. […]

Nach dem Frühstück erklommen wir die Anhöhe und besuchten die alte Burg von Hirschhorn und die nahe gelegene Kirchenruine. An den Innenwänden der Kirche lehnten einige bemerkenswerte Flachreliefsteine, Skulpturen der Herren von Hirschhorn in voller Rüstung und ihrer Damen in den malerischen Hofgewändern des Mittelalters. Das alles verwittert und verfällt, denn der Letzte derer von Hirschhorn ist seit zweihundert Jahren tot, und es gibt niemanden mehr, der sich um das Andenken an die Familie kümmert. In der Apsis stand eine verformte Steinsäule, und natürlich erzählte uns der Kapitän dazu eine Sage, denn es gab für ihn anscheinend kein Halten, wenn es um Sagen ging. Ich will diese Geschichte hier nicht wiederholen, denn es war nichts Glaubwürdiges daran, außer dass der Held diese Säule mit bloßen Händen und mit einem einzigen Ruck zu einer Art Schraube verdreht hat. Der Rest der Sage war zweifelhaft.

Hirschhorn sieht aber am schönsten aus, wenn man es von einer Stelle flussabwärts aus der Ferne betrachtet. Die eng beieinanderstehenden braunen Türme oben auf der grünen Anhöhe und die alte, zinnenbewehrte Mauer, die sich den grasbewachsenen Abhang hinaufzieht und jenseits in einem Blättermeer verschwindet, geben dann ein Bild ab, dessen Anmut und Schönheit das Auge zutiefst befriedigen.

Von der Kirche stiegen wir über steile, gewundene Stein-

stairways which curved this way and that down narrow alleys between the packed and dirty tenements of the village. It was a quarter well stocked with deformed, leering, unkempt and uncombed idiots, who held out hands or caps and begged piteously. The people of the quarter were not all idiots, of course, but all that begged seemed to be, and were said to be.

I was thinking of going by skiff to the next town, Neckarsteinach; so I ran to the riverside in advance of the party and asked a man there if he had a boat to hire. I suppose I must have spoken High German – Court German – I intended it for that, anyway – so he did not understand me. I turned and twisted my question around and about, trying to strike that man's average, but failed. He could not make out what I wanted. Now Mr X arrived, faced this same man, looked him in the eye, and emptied this sentence on him, in the most glib and confident way:

"Can man boat get here?"

The mariner promptly understood and promptly answered. I can comprehend why he was able to understand that particular sentence, because by mere accident all the words in it except "get" have the same sound and the same meaning in German that they have in English; but how he managed to understand Mr X's next remark puzzled me. I will insert it, presently. X turned away a moment, and I asked the

treppen hinab in die engen Gassen zwischen überbelegten und armseligen, schmutzigen Häusern. Es war ein Teil dieses Städtchens, in dem es reichlich missgestaltete, zerlumpte und ungekämmte Schwachsinnige gab, die einen jämmerlich ansahen und bettelnd ihre Hände oder Mützen hinhielten. Natürlich waren nicht alle Bewohner dieses Stadtteils schwachsinnig, aber die Bettler sahen jedenfalls so aus und standen in diesem Ruf.

Ich dachte daran, zur nächsten Stadt, Neckarsteinach, in einem Ruderboot zu fahren, und so eilte ich meinen Begleitern voraus zum Fluss und fragte einen Mann, ob er ein Boot zu vermieten habe. Ich muss wohl Hochdeutsch – oder Hofdeutsch – gesprochen haben, zumindest war das meine Absicht, und deshalb verstand er mich nicht. Ich drehte und wendete meine Frage hin und her und versuchte, dem Mann auf halbem Weg entgegenzukommen, aber er begriff nicht, was ich wollte. Da trat Mr X hinzu, baute sich dem Mann gegenüber auf, sah ihm in die Augen und kippte ihm den folgenden Satz denkbar blasiert und selbstsicher vor die Füße:

«Kann Mann Boot kriegen hier?»

Der Schiffer verstand prompt und antwortete ebenso prompt. Ich sehe ja ein, dass er diesen besonderen Satz verstehen konnte, da alle Wörter mit der Ausnahme von «kriegen» im Deutschen gleich klingen und dasselbe bedeuten wie im Englischen; aber wieso er verstehen konnte, was Mr X als Nächstes sagte, hängt mir zu hoch. Ich komme gleich darauf zurück. X wandte sich für einen Augenblick zur Seite, und ich fragte den Schiffer, ob er nicht ein

mariner if he could not find a board, and so construct an additional seat. I spoke in the purest German, but I might as well have spoken in the purest Choctaw for all the good it did. The man tried his best to understand me; he tried, and kept on trying, harder and harder, until I saw it was really of no use, and said:

"There, don't strain yourself – it is of no consequence."

Then X turned to him and crisply said:

"Machen Sie a flat board."

I wish my epitaph may tell the truth about me if the man did not answer up at once, and say he would go and borrow a board as soon as he had lit the pipe which he was filling.

We changed our mind about taking a boat, so we did not have to go. I have given Mr X's two remarks just as he made them. Four of the five words in the first one were English, and that they were also German was only accidental, not intentional; three out of the five words in the second remark were English, and English only, and the two German ones did not mean anything in particular, in such a connection.

X always spoke English to Germans, but his plan was to turn the sentence wrong end first and upside down, according to German construction, and sprinkle in a German word without any essential meaning to it, here and there, by way of flavor. Yet he

Brett für eine zusätzliche Sitzbank besorgen könne. Ich sprach reinstes Deutsch, aber das war genauso gut, als hätte ich reinstes Choctaw gesprochen. Der Mann gab sich große Mühe, mich zu verstehen, und versuchte es angestrengt wieder und wieder, bis ich einsah, dass es zwecklos war, und sagte:

«Bitte bemühen Sie sich nicht – es ist doch gar nicht wichtig.»

Dann wandte sich X an ihn und sagte knapp:

«Machen Sie a flat board.»

Ich wünsche mir, auf meinem Grabstein stünde nur die Wahrheit über mich, aber dieser Mann hat wirklich sofort geantwortet und gesagt, er werde ein Brett besorgen, sobald er die Pfeife angezündet habe, die er sich gerade stopfte.

Doch schließlich ließen wir den Plan fallen, mit einem Boot zu fahren, also brauchten wir keins. Ich habe die beiden Sätze, die Mr X gesagt hatte, wörtlich wiedergegeben. Im ersten waren vier der fünf Wörter englisch, und es war der reine Zufall und keineswegs Absicht, dass es sie auch deutsch gibt. Im zweiten Fall waren drei der fünf Wörter englisch und nichts anderes, und die beiden deutschen Wörter hatten in diesem Zusammenhang keine bestimmte Bedeutung.

X sprach mit Deutschen immer englisch, aber seine Methode war es, einen Satz vom falschen Ende her zu beginnen und auf den Kopf zu stellen, wie es der deutschen Grammatik entspricht, und dann, um das Ganze zu würzen, ab und zu ein deutsches Wort ohne besonderen Sinn einzu-

always made himself understood. He could make those dialect-speaking raftsmen understand him, sometimes, when even young Z had failed with them; and young Z was a pretty good German scholar. For one thing, X always spoke with such confidence – perhaps that helped. And possibly the raftsmen's dialect was what is called *Platt-Deutsch*, and so they found his English more familiar to their ears than another man's German. Quite indifferent students of German can read Fritz Reuter's charming platt-Deutsch tales with some little facility because many of the words are English. I suppose this is the tongue which our Saxon ancestors carried to England with them. By and by I will inquire of some other philologist. [...]

The Kindly Courtesy of Germans

There is one German custom which is universal – the bowing courteously to strangers when sitting down at table or rising up from it. This bow startles a stranger out of his self-possession, the first time it occurs, and he is likely to fall over a chair or something, in his embarrassment, but it pleases him, nevertheless. One soon learns to expect this bow and be on the lookout and ready to return it; but to learn to lead off and make the initial bow

streuen. Trotzdem wurde er immer verstanden. Manchmal gelang es ihm sogar, sich den dialektsprechenden Flößern verständlich zu machen, nachdem auch der junge Z gescheitert war, und der junge Z sprach ziemlich gut Deutsch. Vor allen Dingen sprach X stets mit großer Selbstsicherheit, und das hat vielleicht geholfen. Und es kann sein, dass die Männer auf dem Floß einen Dialekt sprachen, der Plattdeutsch heißt, so dass sein Englisch in ihren Ohren vertrauter klang als das Deutsch eines anderen. Auch mittelmäßige Schüler des Deutschen können Fritz Reuters reizende plattdeutsche Geschichten verhältnismäßig leicht lesen, da viele der Wörter englisch sind. Vermutlich ist das die Sprache, die unsere sächsischen Vorfahren nach England mitbrachten. Gelegentlich erkundige ich mich mal bei einem anderen Philologen. […]

Deutsche Höflichkeit

Es gibt eine weitverbreitete deutsche Sitte: die höfliche Verbeugung vor Fremden, wenn man sich zu Tisch setzt oder aufsteht. Ein Ausländer ist darüber beim ersten Mal so erschrocken und verdattert, dass er wahrscheinlich vor lauter Verlegenheit über einen Stuhl oder sonst etwas stolpert, aber trotzdem freut er sich darüber. Man gewöhnt sich schnell an diese Verbeugung und lernt, sie vorherzusehen und zu erwidern; aber den Anfang zu machen und sich als Erster zu verbeugen, ist für einen schüchternen Menschen

one's self is a difficult matter for a diffident man. One thinks, "If I rise to go, and tender my bow, and these ladies and gentlemen take it into their heads to ignore the custom of their nation, and not return it, how shall I feel, in case I survive to feel anything." Therefore he is afraid to venture. He sits out the dinner, and makes the strangers rise first and originate the bowing. A table d'hôte dinner is a tedious affair for a man who seldom touches anything after the three first courses; therefore I used to do some pretty dreary waiting because of my fears. It took me months to assure myself that those fears were groundless, but I did assure myself at last by experimenting diligently through my agent. I made Harris get up and bow and leave; invariably his bow was returned, then I got up and bowed myself and retired.

Thus my education proceeded easily and comfortably for me, but not for Harris. Three courses of a table d'hôte dinner were enough for me, but Harris preferred thirteen. […]

schwer. Dann denkt man: «Wenn ich nun aufstehe, um zu gehen, und mich verbeuge, und diese Damen und Herren beschließen, die landesübliche Sitte zu ignorieren und meine Verbeugung nicht zu erwidern, wie werde ich mich dann fühlen – falls ich das überlebe und überhaupt noch etwas fühlen kann?» Infolgedessen fehlt einem der Mut. Man bleibt am Tisch sitzen und lässt die Fremden als Erste aufstehen und mit dem Verbeugen beginnen. Ein Essen an der Table d'hôte ist für jemanden, der nach dem dritten Gang kaum noch etwas anrührt, recht langweilig, und ich habe wegen meiner Hemmungen viel Zeit mit sinnlosem Warten verbracht. Erst nach Monaten war ich überzeugt, dass meine Ängste unbegründet waren, und dies gelang mir durch Experimente mit meinem Begleiter. Ich veranlasste Harris aufzustehen, sich zu verbeugen und zu gehen. Seine Verbeugung wurde regelmäßig erwidert, dann stand ich auf, verbeugte mich ebenfalls und zog mich zurück.

So lernte ich also meine Lektion auf mühelose und angenehme Weise, was aber nicht für Harris galt. Mir genügen drei Gänge an einer Table d'hôte, während Harris lieber dreizehn gehabt hätte. […]

Baden-Baden

Baden-Baden sits in the lap of the hills, and the natural and artificial beauties of the surroundings are combined effectively and charmingly. The level strip of ground which stretches through and beyond the town is laid out in handsome pleasure grounds, shaded by noble trees and adorned at intervals with lofty and sparkling fountain-jets. Thrice a day a fine band makes music in the public promenade before the Conversation House, and in the afternoon and evening that locality is populous with fashionably dressed people of both sexes, who march back and forth past the great music-stand and look very much bored, though they make a show of feeling otherwise. It seems like a rather aimless and stupid existence. A good many of these people are there for a real purpose, however; they are racked with rheumatism, and they are there to stew it out in the hot baths. These invalids looked melancholy enough, limping about on their canes and crutches, and apparently brooding over all sorts of cheerless things. People say that Germany, with her damp stone houses, is the home of rheumatism. If that is so, Providence must have foreseen that it would be so, and therefore filled the land with the healing baths. Perhaps no other country is so generously supplied with medicinal springs as Germany. Some of these

Baden-Baden

Baden-Baden liegt eingebettet zwischen Bergen, und die Schönheit der Natur verbindet sich auf vollkommene und reizvolle Weise mit den gefälligen Bauwerken der Umgebung. In dem ebenen Grund, der sich durch die Stadt hindurch und darüber hinaus erstreckt, hat man hübsche Parkanlagen mit prächtigen, schattenspendenden Bäumen angelegt, und in Abständen werden sie von hohen, glitzernden Wasserfontänen geschmückt. Dreimal täglich spielt eine ausgezeichnete Kapelle an der Promenade vor dem Kurhaus, und nachmittags und abends wimmelt es dort von elegant gekleideten Personen beiderlei Geschlechts, die vor dem großen Musikpavillon auf und ab spazieren und sehr gelangweilt wirken, obwohl sie sich alle Mühe geben, nicht so auszusehen. Es hat den Anschein eines ziemlich sinnlosen und faden Daseins, und doch sind viele dieser Menschen aus einem triftigen Grund hier: Sie werden von Rheumatismus geplagt und sind gekommen, um ihn in den heißen Bädern auszuschwitzen. Wie sie so mit ihren Stöcken und Krücken umherhumpelten, sahen diese Invaliden recht bedrückt aus und schienen über allerhand unerfreuliche Dinge nachzugrübeln. Man sagt, Deutschland mit seinen feuchten Steinhäusern sei die Heimat des Rheumatismus. Wenn das stimmt, dann muss die Vorsehung das erkannt und deshalb das Land mit diesen vielen Heilbädern ausgestattet haben. Es gibt wohl kein anderes Land, das eine so große Zahl von Heilquellen besitzt wie Deutschland. Bei

baths are good for one ailment, some for another; and again, peculiar ailments are conquered by combining the individual virtues of several different baths. For instance, for some forms of disease, the patient drinks the native hot water of Baden-Baden, with a spoonful of salt from the Carlsbad springs dissolved in it. That is not a dose to be forgotten right away.

They don't *sell* this hot water; no, you go into the great Trinkhalle, and stand around, first on one foot and then on the other, while two or three young girls sit pottering at some sort of ladylike sewing-work in your neighborhood and can't seem to see you – polite as three-dollar clerks in government offices.

By and by one of these rises painfully, and "stretches" – stretches fists and body heavenward till she raises her heels from the floor, at the same time refreshing herself with a yawn of such comprehensiveness that the bulk of her face disappears behind her upper lip and one is able to see how she is constructed inside – then she slowly closes her cavern, brings down her fists and her heels, comes languidly forward, contemplates you contemptuously, draws you a glass of hot water and sets it down where you can get it by reaching for it. You take it and say:

"How much?" – and she returns you, with elaborate indifference, a beggar's answer:

"Nach Beliebe" (what you please.)

manchen Krankheiten hilft dieses Bad und bei anderen jenes, und bestimmten Krankheiten wiederum kommt man bei, indem man die jeweiligen Heilkräfte mehrerer Bäder vereint. Bei gewissen Erkrankungen zum Beispiel trinkt der Patient das heiße Quellwasser Baden-Badens, in dem ein Löffel Salz der Karlsbader Quellen aufgelöst ist. Eine solche Dosis vergisst man nicht so schnell.

Dieses heiße Wasser kann man nicht einfach *kaufen*; nein, man geht in die große Trinkhalle und steht herum, mal auf dem einen Fuß, mal auf dem andern, während drei junge Mädchen ganz in der Nähe dasitzen und sich an irgendwelcher damenhaften Nadelarbeit zu schaffen machen, ohne einen zu beachten – zuvorkommend wie Hilfsschreiber auf einer Behörde.

Nach einer Weile erhebt sich eine von ihnen mühsam und reckt sich – reckt Fäuste und Körper zum Himmel, bis ihre Fersen vom Boden abheben, und gähnt dabei so herzerfrischend und ausgiebig, dass der größte Teil ihres Gesichts hinter der Oberlippe verschwindet und man sehen kann, wie ihr Inneres beschaffen ist. Dann schließt sie diese Gruft langsam, lässt Fäuste und Fersen herabsinken, kommt träge heran, wirft dir einen verächtlichen Blick zu, füllt ein Glas mit heißem Wasser und stellt es so hin, dass man danach hangeln muss, um es zu nehmen. Man ergreift es und fragt dann:

«Wie viel?» – Und sie gibt dir mit vollendeter Gleichgültigkeit die typische Bettlerantwort:

«Nach Beliebe.»

This thing of using the common beggar's trick and the common beggar's shibboleth to put you on your liberality when you were expecting a simple straightforward commercial transaction, adds a little to your prospering sense of irritation. You ignore her reply, and ask again:

"How much?"

– and she calmly, indifferently, repeats:

"Nach Beliebe."

You are getting angry, but you are trying not to show it; you resolve to keep on asking your question till she changes her answer, or at least her annoyingly indifferent manner. Therefore, if your case be like mine, you two fools stand there, and without perceptible emotion of any kind, or any emphasis on any syllable, you look blandly into each other's eyes, and hold the following idiotic conversation:

"How much?"

"Nach Beliebe."

"How much?"

"Nach Beliebe."

"How much?"

"Nach Beliebe."

"How much?"

"Nach Beliebe."

"How much?"

"Nach Beliebe."

"How much?"

Mit diesem alten Bettlertrick und der Formel aller Bettler appelliert sie an deine Großzügigkeit, während du eine ganz einfache geschäftliche Transaktion erwartet hast, und deine wachsende Gereiztheit nimmt noch weiter zu. Du ignorierst also ihre Antwort und wiederholst deine Frage:

«Wie viel?»

Worauf sie gelassen und gleichgültig wiederholt:

«Nach Beliebe.»

Du wirst allmählich ärgerlich, willst es dir aber nicht anmerken lassen. Du nimmst dir vor, deine Frage so lange zu wiederholen, bis sie ihre Antwort oder zumindest ihr aufreizend gleichgültiges Verhalten ändert. Versetze dich also in meine Lage: Ihr steht da wie zwei Trottel, ohne sichtbare Gefühlsregung und ohne eine einzige Silbe lauter zu betonen, seht einander ungerührt ins Gesicht und führt den folgenden idiotischen Dialog:

«Wie viel?»

«Nach Beliebe.»

«Wie viel?»

«Nach Beliebe.»

«Wie viel?»

«Nach Beliebe.»

«Wie viel?»

«Nach Beliebe.»

«Wie viel?»

«Nach Beliebe.»

«Wie viel?»

"Nach Beliebe."

I do not know what another person would have done, but at this point I gave up; that cast-iron indifference, that tranquil contemptuousness, conquered me, and I struck my colors. Now I knew she was used to receiving about a penny from manly people who care nothing about the opinions of scullery-maids, and about tuppence from moral cowards; but I laid a silver twenty-five cent piece within her reach and tried to shrivel her up with this sarcastic speech:

"If it isn't enough, will you stoop sufficiently from your official dignity to say so?"

She did not shrivel. Without deigning to look at me at all, she languidly lifted the coin and bit it! – to see if it was good. Then she turned her back and placidly waddled to her former roost again, tossing the money into an open till as she went along. She was victor to the last, you see.

I have enlarged upon the ways of this girl because they are typical; her manners are the manners of a goodly number of the Baden-Baden shopkeepers. The shopkeeper there swindles you if he can, and insults you whether he succeeds in swindling you or not. The keepers of baths also take great and patient pains to insult you. The frowsy woman who sat at the desk in the lobby of the great Friederichsbad and sold bath tickets, not only in-

«Nach Beliebe.»

Ich weiß nicht, was ein anderer getan hätte, aber ich gab an diesem Punkt auf. Dieser gusseiserne Gleichmut, diese stille Verachtung überwältigten mich, und ich strich meine Fahne. Nun wusste ich zufällig, dass sie gewöhnlich von gestandenen Männern, die sich nicht um die Meinung eines Dienstmädchens scherten, einen Penny bekam, und von moralischen Feiglingen zwei. Ich aber legte ihr eine silberne Fünfundzwanzigcentmünze in Reichweite hin und versuchte, sie mit folgenden sarkastischen Worten kleinzukriegen:

«Falls das nicht reicht, so steigen Sie doch bitte ein Stückchen von Ihrem hohen Ross herunter und sagen Sie es mir.»

Sie wurde aber nicht klein. Ohne mich auch nur eines Blickes zu würdigen, nahm sie träge die Münze und biss darauf – um zu sehen, ob sie echt war! Dann drehte sie mir den Rücken zu, watschelte seelenruhig zu ihrem alten Platz zurück und warf im Vorübergehen die Münze in die offene Kasse. Wie man sieht, war sie am Ende die Siegerin.

Ich habe das Verhalten dieses Mädchens etwas ausführlicher beschrieben, weil es typisch ist. So wie sie benehmen sich eine große Zahl der Baden-Badener Geschäftsleute. Sie betrügen einen, wo sie nur können, und sind unverschämt, ob es ihnen nun gelungen ist, einen zu betrügen, oder nicht. Die Badewärter verwenden ebenfalls viel Zeit und Mühe darauf, unverschämt zu sein. Die ungepflegte Person, die am Eingang des großen Friedrichsbades an der Kasse saß und Eintrittskarten für die Bäder verkaufte, war täglich

sulted me twice every day, with rigid fidelity to her great trust, but she took trouble enough to cheat me out of a shilling, one day, to have fairly entitled her to ten. Baden-Baden's splendid gamblers are gone, only her microscopic knaves remain. [...]

In the Black Forest

We took our noon meal of fried trout one day at the Plow Inn, in a very pretty village (Ottenhöfen), and then went into the public room to rest and smoke. There we found nine or ten Black Forest grandees assembled around a table. They were the Common Council of the parish. They had gathered there at eight o'clock that morning to elect a new member, and they had now been drinking beer four hours at the new member's expense. They were men of fifty or sixty years of age, with grave good-natured faces, and were all dressed in the costume made familiar to us by the Black Forest stories: broad, round-topped black felt hats with the brims curled up all round; long red waistcoats with large metal buttons, black alpaca coats with the waists up between the shoulders. There were no speeches, there was but little talk, there were no frivolities; the Council filled themselves gradually, steadily, but surely, with beer, and conducted themselves with sedate decorum, as be-

zweimal unverschämt zu mir, wie es ihr hohes Amt verlangte, und an einem Tag wandte sie so viel Mühe auf, mich um einen Schilling zu betrügen, dass sie dafür eigentlich zehn verdient hätte. Baden-Badens große Glücksspieler gibt es nicht mehr, geblieben sind nur die kleinen Gauner. [...]

Durch den Schwarzwald

Eines Tages aßen wir zu Mittag in dem entzückenden Ort Ottenhöfen im Gasthof «Zum Pflug» gebackene Forelle, und anschließend gingen wir in die Gaststube, um zu rauchen und uns auszuruhen. Dort trafen wir auf neun oder zehn Schwarzwälder Honoratioren, die um einen runden Tisch saßen. Es war der Gemeinderat des Ortes. Sie hatten sich dort an diesem Morgen um acht Uhr versammelt, um ein neues Mitglied zu wählen, und nun tranken sie seit vier Stunden Bier auf Kosten des Neulings. Es waren Männer zwischen fünfzig und sechzig mit ernsten, gutmütigen Gesichtern, und alle trugen die Tracht, die uns durch die Schwarzwälder Dorfgeschichten vertraut ist: schwarze, runde Filzhüte, deren breite Krempe rundum aufgestülpt ist; lange rote Westen mit großen Metallknöpfen; schwarze Alpakamäntel, die unter den Schultern gerafft sind. Es gab keine Reden, es wurde wenig gesprochen, und es wurden keine Scherze gemacht. Die Ratsherren ließen sich stetig und langsam, aber sicher mit Bier volllaufen und benahmen sich dabei so würdevoll, wie es sich für Männer gehört, die

came men of position, men of influence, men of ma-
nure.

We had a hot afternoon tramp up the valley,
along the grassy bank of a rushing stream of clear
water, past farmhouses, water-mills, and no end of
wayside crucifixes and saints and Virgins. These
crucifixes, etc., are set up in memory of departed
friends, by survivors, and are almost as frequent as
telegraph-poles are in other lands.

We followed the carriage road, and had our usual luck; we traveled under a beating sun, and always
saw the shade leave the shady places before we
could get to them. In all our wanderings we seldom
managed to strike a piece of road at its time for being shady. We had a particularly hot time of it on
that particular afternoon, and with no comfort but
what we could get out of the fact that the peasants
at work away up on the steep mountain sides above
our heads were even worse off than we were. By and
by it became impossible to endure the intolerable
glare and heat any longer; so we struck across the
ravine and entered the deep cool twilight of the
forest, to hunt for what the guide-book called the
"old road."

We found an old road, and it proved eventually
to be the right one, though we followed it at the
time with the conviction that it was the wrong one.
If it was the wrong one there could be no use in

Ansehen, Einfluss und einen großen Misthaufen besitzen.

In der Hitze des Nachmittags machten wir eine Wanderung am grasbewachsenen Ufer eines rauschenden kristallklaren Bachs talaufwärts, vorbei an Bauernhäusern, Mühlen und endlos vielen Kruzifixen, Heiligen- und Marienbildern am Wegesrand. Diese Kruzifixe usw. werden von Hinterbliebenen zum Andenken an verstorbene Freunde aufgestellt, und sie sind fast so häufig wie in anderen Ländern Telegrafenstangen.

Wir folgten der Landstraße und hatten wie immer das Pech, in der Gluthitze zu marschieren und mitansehen zu müssen, wie jedes Mal, wenn wir uns einer schattigen Stelle näherten, der Schatten verschwand. Auf allen unseren Wanderungen gelang es uns nur selten, ein Stück Straße zu genau der Zeit zu erwischen, wenn sie im Schatten lag. An diesem Nachmittag war es ganz besonders heiß, und unser einziger Trost war die Tatsache, dass die Bauern, die hoch über uns an den steilen Berghängen arbeiteten, noch schlechter dran waren als wir. Nach und nach konnten wir das grelle Licht und die Hitze nicht mehr ertragen, und darum überquerten wir das enge Tal und traten in das kühle Halbdunkel des Waldes auf der Suche nach dem, was unser Reiseführer die «alte Straße» nannte.

Tatsächlich fanden wir eine alte Straße, und wie sich am Ende herausstellte, war es die richtige, obwohl wir ihr anfangs in der festen Überzeugung folgten, dass es die falsche war. Falls es die falsche Straße war, dann gab es keinen

hurrying; therefore we did not hurry, but sat down frequently on the soft moss and enjoyed the restful quiet and shade of the forest solitudes. There had been distractions in the carriage road – school children, peasants, wagons, troops of pedestrianizing students from all over Germany – but we had the old road to ourselves. […]

All our afternoon's progress had been uphill. About five or half past we reached the summit, and all of a sudden the dense curtain of the forest parted and we looked down into a deep and beautiful gorge and out over a wide panorama of wooded mountains with their summits shining in the sun and their glade-furrowed sides dimmed with purple shade. The gorge under our feet – called Allerheiligen – afforded room in the grassy level at its head for a cozy and delightful human nest, shut away from the world and its botherations, and consequently the monks of the old times had not failed to spy it out; and here were the brown and comely ruins of their church and convent to prove that priests had as fine an instinct seven hundred years ago in ferreting out the choicest nooks and corners in a land as priests have today.

A big hotel crowds the ruins a little, now, and drives a brisk trade with summer tourists. We descended into the gorge and had a supper which would have been very satisfactory if the trout had

Grund, sich zu beeilen, und darum beeilten wir uns nicht, sondern ließen uns immer wieder im weichen Moos nieder und genossen die Ruhe, den Schatten und die Einsamkeit des Waldes. Auf der Landstraße hatte es allerhand Abwechslung gegeben: Schulkinder, Bauern, Fuhrwerke, Gruppen wandernder Studenten aus allen Teilen Deutschlands – aber die alte Straße hatten wir ganz für uns allein. […]

Während des ganzen Nachmittags waren wir bergauf gegangen. Gegen fünf oder halb sechs erreichten wir die Berghöhe, und plötzlich teilte sich der dichte Vorhang des Waldes, und wir blickten hinunter in eine tiefe, schöne Schlucht und hinaus auf ein weites Panorama bewaldeter Berge, deren Gipfel im Sonnenlicht schimmerten, während die Einschnitte in ihren Flanken in purpurnem Schatten lagen. Die Schlucht zu unseren Füßen namens Allerheiligen bot am oberen Ende ihrer grasbewachsenen Sohle Raum für eine hübsche, behagliche menschliche Bleibe, abgeschlossen von der Welt und ihren Widrigkeiten. Auch den Mönchen vergangener Zeiten war das nicht entgangen; hier standen die dunklen, malerischen Ruinen ihrer Kirche und ihres Klosters, die zeigten, dass die Priester vor siebenhundert Jahren einen nicht weniger guten Riecher beim Aufspüren der besten Fleckchen Erde hatten als die Priester von heute.

Ein großes Hotel steht jetzt etwas zu dicht neben den Ruinen und macht ein gutes Geschäft mit Sommergästen. Wir stiegen hinunter in die Schlucht und nahmen eine Mahlzeit ein, die sehr befriedigend gewesen wäre, wenn

not been boiled. The Germans are pretty sure to boil a trout or anything else if left to their own devices. This is an argument of some value in support of the theory that they were the original colonists of the wild islands of the coast of Scotland. A schooner laden with oranges was wrecked upon one of those islands a few years ago, and the gentle savages rendered the captain such willing assistance that he gave them as many oranges as they wanted. Next day he asked them how they liked them. They shook their heads and said:

"Baked, they were tough; and even boiled, they warn't things for a hungry man to hanker after."

We went down the glen after supper. It is beautiful – a mixture of sylvan loveliness and craggy wildness. A limpid torrent goes whistling down the glen, and toward the foot of it winds through a narrow cleft between lofty precipices and hurls itself over a succession of falls. After one passes the last of these he has a backward glimpse at the falls which is very pleasing – they rise in a sevenstepped stairway of foamy and glittering cascades, and make a picture which is as charming as it is unusual. [...]

man die Forelle nicht gekocht hätte. Man kann ziemlich sicher sein, dass die Deutschen, wenn es nach ihnen geht, alles kochen, auch die Forellen. Das spricht sehr stark für die Theorie, dass sie als Erste die wilden Inseln vor der schottischen Küste besiedelt haben. Vor ein paar Jahren lief ein mit Orangen beladener Schoner vor diesen Inseln auf Grund, und die zahmen Wilden halfen dem Kapitän so bereitwillig, dass er ihnen so viele Orangen schenkte, wie sie haben wollten. Am folgenden Tag erkundigte er sich, wie sie ihnen geschmeckt hätten. Sie schüttelten nur die Köpfe und sagten:

«Gebacken waren sie zäh, und gekocht hätte nicht mal 'n Verhungernder danach gegriffen.»

Nach dem Essen liefen wir die Schlucht abwärts. Sie ist wunderschön, eine Mischung aus Waldlieblichkeit und schroffer Wildnis. Ein klarer Wasserlauf kommt das Tal heruntergerauscht, an dessen Ende er sich durch einen engen Spalt zwischen hohen Felswänden hindurchwindet und dann über mehrere Stufen in die Tiefe stürzt. Wenn man die letzte dieser Stufen hinter sich gelassen hat und zurückschaut, hat man einen wunderbaren Blick auf diese Wasserfälle. Sie erheben sich als siebenstufige Treppe von schäumenden, glitzernden Kaskaden und geben ein Bild ab, das ebenso bezaubernd wie ungewöhnlich ist. […]

At this point in 'A Tramp Abroad' Mark Twain finishes his description of his travels in Germany. Chapters on Switzerland and Austria follow, as well as brief accounts of Milan, Venice and Florence. He summarises the remainder of his "journey on foot" as follows:

We took a turn to Rome and some other Italian cities – then to Munich, and thence to Paris – partly for exercise, but mainly because these things were in our projected program, and it was only right that we should be faithful to it.

From Paris I branched out and walked through Holland and Belgium, procuring an occasional lift by rail or canal when tired, and I had a tolerably good time of it "by and large." I worked Spain and other regions through agents to save time and shoe leather.

We crossed to England, and then made the homeward passage in the Cunarder "Gallia", a very fine ship. I was glad to get home – immeasurably glad; so glad, in fact, that it did not seem possible that anything could ever get me out of the country again. I had not enjoyed a pleasure abroad which seemed to me to compare with the pleasure I felt in seeing New York harbor again. Europe has many advantages which we have not, but they do not compensate for a good many still more valuable ones which exist nowhere but in our own country. Then we are

*Mit Baden-Baden endet in Mark Twains Buch die Beschrei-
bung seiner Reise durch Deutschland. Es folgen zahlreiche
Kapitel über die Schweiz und Österreich und kürzere Berichte aus Mailand, Venedig und Florenz. Den Rest seiner
«Wanderungen» fasst er knapp zusammen:*

Wir bogen ab nach Rom und einigen anderen italienischen
Städten, dann nach München und von dort nach Paris –
zum Teil der Körperertüchtigung wegen, hauptsächlich
aber, weil diese Dinge in unserem Programm vorgesehen
waren und es uns richtig erschien, daran festzuhalten.

Von Paris nahm ich eine Abzweigung und wanderte durch
Holland und Belgien, wobei ich mich manchmal per Bahn
oder Kanalboot befördern ließ, wenn ich müde war, und im
Großen und Ganzen war es eine leidlich schöne Zeit. Spa-
nien und weitere Regionen zu bearbeiten überließ ich meinen Reisebegleitern, um Zeit und Sohlenleder zu sparen.

Wir setzten nach England über und traten dann auf
einem sehr schönen Schiff der Cunard-Linie, der «Gallia»,
die Heimreise an. Ich war froh, nach Hause zu kommen,
unendlich froh – so froh, dass es unmöglich schien, dass
mich irgendetwas noch einmal aus dem Land locken könnte.
Keine Freude, die ich im Ausland erlebt hatte, reichte an die
Freude heran, die ich empfand, als ich den Hafen von New
York wiedersah. In Europa gibt es viel Gutes, das es bei uns
nicht gibt, aber das wiegt die vielen wertvollen Dinge nicht
auf, die nur unser Land kennt. Wie sehr fehlt uns unser Zu-
hause, wenn wir dort drüben sind! Aber letztlich sind die

such a homeless lot when we are over there! So are Europeans themselves, for that matter. They live in dark and chilly vast tombs – costly enough, maybe, but without conveniences. To be condemned to live as the average European family lives would make life a pretty heavy burden to the average American family.

On the whole, I think that short visits to Europe are better for us than long ones. The former preserve us from becoming Europeanised; they keep our pride of country intact, and at the same time they intensify our affection for our country and our people; whereas long visits have the effect of dulling those feelings – at least in the majority of cases. I think that one who mixes much with Americans long resident abroad must arrive at this conclusion.

Europäer nicht besser dran. Sie leben in riesigen dunklen, eiskalten Gruften, die sicherlich viel gekostet haben, denen es aber an allen Annehmlichkeiten fehlt. Wäre eine durchschnittliche amerikanische Familie dazu verurteilt, so zu leben wie eine durchschnittliche europäische, dann wäre ihr Leben ziemlich schwer erträglich.

Ich finde, dass kurze Europabesuche im Allgemeinen besser für uns sind als lange. Sie bewahren uns davor, uns zu sehr den Europäern anzupassen, der Stolz auf unser Land bleibt intakt, und zugleich wird die Liebe zu unserem Land und unserem Volk gestärkt. Lange Aufenthalte dagegen schwächen diese Gefühle – jedenfalls in den meisten Fällen. Ich glaube, dass jeder, der viel mit Amerikanern zu tun hat, die lange in Europa gelebt haben, zur selben Ansicht gelangt.

THE AWFUL GERMAN LANGUAGE

A little learning makes the whole world kin.

Proverbs xxxii,7.

I went often to look at the collection of curiosities in Heidelberg Castle, and one day I surprised the keeper of it with my German. I spoke entirely in that language. He was greatly interested; and after I had talked a while he said my German was very rare, possibly a "unique"; and wanted to add it to his museum.

If he had known what it had cost me to acquire my art, he would also have known that it would break any collector to buy it. Harris and I had been hard at work on our German during several weeks at that time, and although we had made good progress, it had been accomplished under great difficulty and annoyance, for three of our teachers had died in the mean time. A person who has not studied German can form no idea of what a perplexing language it is.

Surely there is not another language that is so slipshod and systemless, and so slippery and elusive to the grasp. One is washed about in it, hither and thither, in the most helpless way; and when at last he thinks he has captured a rule which offers firm

DIE SCHRECKLICHE DEUTSCHE SPRACHE

Geringes Wissen macht alle Welt zu Brüdern.

Sprüche Salomos 32,7

Ich bin öfters ins Heidelberger Schloss gegangen, um mir
die Kuriositätensammlung anzusehen, und eines Tages ver-
blüffte ich den Kustos mit meinen Deutschkenntnissen. Ich
redete ausschließlich in dieser Sprache. Er zeigte großes Interesse, und als ich eine Weile gesprochen hatte, sagte er,
mein Deutsch habe Seltenheitswert, sei möglicherweise etwas
«Einzigartiges», und er wolle es gerne in seine Sammlung
aufnehmen.

Hätte er geahnt, was es mich gekostet hatte, diese Fertig-
keit zu erwerben, dann wäre ihm klar gewesen, dass es jeden
Sammler ruiniert hätte, sie zu erstehen. Harris und ich hatten zu dieser Zeit bereits mehrere Wochen hart an unserem
Deutsch gearbeitet und gute Fortschritte gemacht, aber das
hatte uns sehr viel Mühe und Verdruss bereitet, denn wäh-
renddessen waren uns drei unserer Lehrer weggestorben.
Wer nie Deutsch gelernt hat, macht sich keine Vorstellung
davon, was für eine vertrackte Sprache das ist.

Es gibt wohl keine zweite Sprache, die so unberechenbar
und unsystematisch ist und einem ständig durch die Finger
gleitet. Man wird darin hilflos hierhin und dorthin getrie-
ben, und wenn man schließlich glaubt, eine Regel gefunden
zu haben, die einem festen Grund unter den Füßen gibt,

ground to take a rest on amid the general rage and turmoil of the ten parts of speech, he turns over the page and reads, "Let the pupil make careful note of the following *exceptions.*" He runs his eye down and finds that there are more exceptions to the rule than instances of it. So overboard he goes again, to hunt for another Ararat and find another quicksand. Such has been, and continues to be, my experience. Every time I think I have got one of these four confusing "cases" where I am master of it, a seemingly insignificant preposition intrudes itself into my sentence, clothed with an awful and unsuspected power, and crumbles the ground from under me. For instance, my book inquires after a certain bird – (it is always inquiring after things which are of no sort of consequence to anybody): "Where is the bird?" Now the answer to this question – according to the book – is that the bird is waiting in the blacksmith shop on account of the rain. Of course no bird would do that, but then you must stick to the book. Very well, I begin to cipher out the German for that answer. I begin at the wrong end, necessarily, for that is the German idea. I say to myself, "*Regen* (rain) is masculine – or maybe it is feminine – or possibly neuter – it is too much trouble to look now. Therefore, it is either *der* (the) Regen, or *die* (the) Regen, or *das* (the) Regen, according to which gender it may turn out to be when I look. In the interest of science, I will cipher it out on the hypothesis that it is

auf dem man sich inmitten dieser reißenden Strömungen und Strudel der zehn Wortarten ein wenig ausruhen kann, dann blättert man um und liest: «Die folgenden *Ausnahmen* sollte der Schüler unbedingt beachten.» Man lässt den Blick über die Seite schweifen und stellt fest, dass es mehr Ausnahmen gibt als Regelfälle. Und schon geht man wieder über Bord und hält nach einem Berg Ararat Ausschau, nur um sich erneut im Treibsand wiederzufinden. Das war und ist meine Erfahrung. Jedes Mal, wenn ich denke, ich beherrsche einen dieser verwirrenden vier «Fälle», drängt sich in meinen Satz so eine scheinbar harmlose Präposition, ausgestattet mit schrecklicher, ganz unerwarteter Vollmacht, und man verliert wieder den Halt. Zum Beispiel fragt mein Lehrbuch nach einem bestimmten Vogel – (es fragt immerzu nach Dingen, für die sich kein Mensch interessiert): «Wo ist der Vogel?» Die Antwort auf diese Frage lautet nun – dem Lehrbuch zufolge –, dass der Vogel wegen des Regens in der Schmiede ausharrt. Natürlich würde das kein Vogel tun, aber wir müssen uns an das Lehrbuch halten. Na schön. Ich fange also an, mir diese Antwort auf Deutsch zurechtzulegen. Selbstverständlich beginne ich am falschen Ende des Satzes, denn so ist das nun mal im Deutschen. «Regen», sage ich mir, «ist männlich – oder vielleicht weiblich – oder möglicherweise sächlich –, es ist mir zu umständlich, das jetzt nachzuschlagen. Es muss also entweder *der* Regen heißen oder *die* Regen oder *das* Regen, je nachdem, was sich als das richtige Geschlecht herausstellt, wenn man es nachsieht. Im Interesse der Wissenschaft neh-

masculine. Very well – then *the* rain is *der* Regen, if it is simply in the quiescent state of being *mentioned*, without enlargement or discussion – Nominative case; but if this rain is lying around, in a kind of a general way on the ground, it is then definitely located, it is *doing something* – that is, *resting* (which is one of the German grammar's ideas of doing something), and this throws the rain into the Dative case, and makes it *dem* Regen. However, this rain is not resting, but is doing something *actively*, – it is falling – to interfere with the bird, likely – and this indicates *movement*, which has the effect of sliding it into the Accusative case and changing *dem* Regen into *den* Regen." Having completed the grammatical horoscope of this matter, I answer up confidently and state in German that the bird is staying in the blacksmith shop "wegen (on account of) *den* Regen." Then the teacher lets me softly down with the remark that whenever the word "wegen" drops into a sentence, it *always* throws that subject into the *Genitive* case, regardless of consequences – and therefore this bird stayed in the blacksmith shop "wegen *des* Regens."

N.B. – I was informed, later, by a higher authority, that there was an "exception" which permits one to say "wegen *den* Regen" in certain peculiar and complex circumstances, but that this exception is not extended to anything *but* rain.

There are ten parts of speech, and they are all

me ich einmal an, dass dieses Wort männlich ist. Nun gut, dann heißt es also *der* Regen, wenn er sich im Ruhezustand befindet und nur *benannt* wird, ohne Zusatz oder nähere Bestimmung – Nominativ. Wenn dieser Regen nun aber im weitesten Sinn auf der Erde herumliegt, dann befindet er sich an einem Ort und *tut etwas* – das heißt, er *liegt* (das ist nach dem Verständnis der deutschen Grammatik eine Möglichkeit von ‹etwas tun›), und damit wird der Regen in den Dativ versetzt, und es wird *dem* Regen daraus. Wenn dieser Regen jedoch nicht daliegt, sondern *aktiv* etwas tut – nämlich fällt und damit eine *Bewegung* anzeigt (und vermutlich den Vogel stört), dann führt das dazu, dass das Wort in den Akkusativ verschoben und dass aus *dem* Regen *den* Regen wird.» Damit schließe ich diese grammatische Sterndeuterei ab und antworte zuversichtlich auf Deutsch, dass der Vogel in der Schmiede ausharrt «wegen den Regen». Mein Lehrer weist mich daraufhin milde zurecht mit der Bemerkung, dass das Wort «wegen», sobald es in einem Satz auftaucht, dem Gegenstand unweigerlich und ohne Rücksicht auf die Folgen den Genitiv verpasst und dass infolgedessen der Vogel «wegen *des* Regens» in der Schmiede blieb.

Notabene: Später erfuhr ich aus berufenem Munde, dass es eine «Ausnahme» gibt, die es einem in bestimmten sonderbaren und komplizierten Fällen gestattet, «wegen *den* Regen» zu sagen, dass diese Ausnahme aber *ausschließlich* für Regen gilt.

Es gibt zehn verschiedene Wortarten, die allesamt ihre

troublesome. An average sentence, in a German newspaper, is a sublime and impressive curiosity; it occupies a quarter of a column; it contains all the ten parts of speech – not in regular order, but mixed; it is built mainly of compound words constructed by the writer on the spot, and not to be found in any dictionary – six or seven words compacted into one, without joint or seam – that is, without hyphens; it treats of fourteen or fifteen different subjects, each enclosed in a parenthesis of its own, with here and there extra parentheses which re-enclose three or four of the minor parentheses, making pens within pens: finally, all the parentheses and re-parentheses are massed together between a couple of king-parentheses, one of which is placed in the first line of the majestic sentence and the other in the middle of the last line of it – *after which comes the* VERB, and you find out for the first time what the man has been talking about; and after the verb – merely by way of ornament, as far as I can make out – the writer shovels in *"haben sind gewesen gehabt haben geworden sein,"* or words to that effect, and the monument is finished. I suppose that this closing hurrah is in the nature of the flourish to a man's signature – not necessary, but pretty. German books are easy enough to read when you hold them before the looking-glass or stand on your head – so as to re-

Tücken haben. Ein durchschnittlicher Satz in einer deutschen Zeitung ist von wunderbarer und beeindruckender Kuriosität. Er erstreckt sich über eine Viertelspalte und enthält alle zehn Wortarten – nicht in einer bestimmten Reihenfolge, sondern bunt gemischt. Er besteht hauptsächlich aus zusammengesetzten Wörtern, die man in keinem Wörterbuch findet, sondern die der Autor ad hoc gebildet hat – sechs oder sieben Wörter, die zu einem einzigen zusammengezogen sind, ohne Fuge oder Naht – das heißt ohne Bindestriche. So ein Satz bezieht sich auf vierzehn oder fünfzehn verschiedene Gegenstände, von denen jeder in einer eigenen Parenthese eingeschlossen ist, und ab und zu gibt es zusätzliche Parenthesen, die ihrerseits drei oder vier untergeordnete Parenthesen umschließen und so etwas wie kleine Gehege in einem großen Gehege bilden. Zu guter Letzt werden all diese Parenthesen und parenthetisierten Parenthesen zwischen zwei Hauptparenthesen aufgehäuft, von denen die eine die erste Zeile dieses majestätischen Satzes bildet und die andere die Mitte der letzten Zeile. *Danach kommt das* Verb – und erst jetzt versteht man, wovon die Rede war. Nach dem Verb – einfach als eine Art Verzierung, soweit ich das sehe – packt der Autor «*haben sind gewesen gehabt haben geworden sein*» oder Wörter dieser Art dazu, und fertig ist das Sprachmonument. Dieses abschließende «Hurra!» ist vermutlich so etwas Ähnliches wie der Schnörkel bei einer Unterschrift – unnötig, aber hübsch. Es ist ziemlich einfach, ein deutsches Buch zu lesen, wenn man es vor einen Spiegel hält oder sich auf den Kopf stellt, so

verse the construction – but I think that to learn to read and understand a German newspaper is a thing which must always remain an impossibility to a foreigner.

Yet even the German books are not entirely free from attacks of the Parenthesis distemper – though they are usually so mild as to cover only a few lines, and therefore when you at last get down to the verb it carries some meaning to your mind because you are able to remember a good deal of what has gone before.

Now here is a sentence from a popular and excellent German novel – with a slight parenthesis in it. I will make a perfectly literal translation, and throw in the parenthesis-marks and some hyphens for the assistance of the reader – though in the original there are no parenthesis-marks or hyphens, and the reader is left to flounder through to the remote verb the best way he can:

"But when he, upon the street, the (in-satin-and-silk-covered-now-very-unconstrained-after-the-newest-fashion-dressed) government counselor's wife *met*," etc., etc.

That is from 'The Old Mamselle's secret', by Mrs Marlitt. And that sentence is constructed upon the most approved German model. You observe how far that verb is from the reader's base of operations; well, in a German newspaper they put their verb away over on the next page; and I have heard that sometimes after string-

dass man den Satzbau umgekehrt sieht; aber eine deutsche Zeitung zu lesen und zu verstehen – das zu erlernen wird einem Fremden nach meiner Überzeugung niemals gelingen.

Auch deutsche Bücher sind jedoch nicht gänzlich frei von der Parenthesenkrankheit – aber meist fällt diese milde aus und umfasst nur wenige Zeilen. Wenn man daher schließlich zum Verb gelangt, ergibt dieses noch einen gewissen Sinn, weil man sich an vieles erinnern kann, das ihm vorausgegangen ist.

Hier ist nun ein Satz aus einem beliebten, sehr guten deutschen Roman, und er enthält einen kleinen Parenthesensatz. Ich werde ihn wortwörtlich übersetzen und die Parenthesen und einige Bindestriche zum besseren Verständnis des Lesers hinzufügen, obwohl das Original keine Parenthesen und Bindestriche enthält und der Leser sich seinen Weg zum fernen Verb bahnen muss, so gut er kann:

«Aber als er auf der Straße die (nach-der-letzten-Mode-üppig-in-Samt-und-Seide-gekleidete) Gattin des Regierungsrats *traf*...» usw., usw.

Das stammt aus ‹Das Geheimnis der alten Mamsell› von Frau Marlitt, und dieser Satz ist nach den allgemein anerkannten Regeln des Deutschen gebildet. Sie sehen, wie weit das Verb von der Operationsbasis des Lesers entfernt ist. Gut, in einer deutschen Zeitung bringen sie das Verb erst auf der nächsten Seite unter, und ich habe sogar gehört, dass sie den Leser über ein oder zwei Spalten hinweg mit

ing along the exciting preliminaries and parentheses for a column or two, they get in a hurry and have to go to press without getting to the verb at all. Of course, then, the reader is left in a very exhausted and ignorant state.

We have the Parenthesis disease in our literature, too; and one may see cases of it every day in our books and newspapers: but with us it is the mark and sign of an unpractised writer or a cloudy intellect, whereas with the Germans it is doubtless the mark and sign of a practised pen and of the presence of that sort of luminous intellectual fog which stands for clearness among these people. For surely it is *not* clearness – it necessarily can't be clearness. Even a jury would have penetration enough to discover that. A writer's ideas must be a good deal confused, a good deal out of line and sequence, when he starts out to say that a man met a counselor's wife in the street, and then right in the midst of this so simple undertaking halts these approaching people and makes them stand still until he jots down an inventory of the woman's dress. That is manifestly absurd. It reminds a person of those dentists who secure your instant and breathless interest in a tooth by taking a grip on it with the forceps, and then stand there and drawl through a tedious anecdote before they give the dreaded jerk. Parentheses in literature and dentistry are in bad taste.

The Germans have another kind of parenthesis, which they make by splitting a verb in two and put-

interessanten Vorbemerkungen und Einschüben hinhalten, bis es pressiert und sie in Druck gehen müssen, ohne überhaupt beim Verb angelangt zu sein. In diesem Fall versteht der völlig erschöpfte Leser natürlich gar nichts.

Auch in unserer Literatur kommt die Parenthesenkrankheit vor, und man kann dafür täglich Beispiele in Büchern und Zeitungen finden, aber bei uns ist sie das Kennzeichen eines ungeübten Schreibers oder eines wolkigen Verstandes. Im Deutschen dagegen ist sie zweifellos das Merkmal von hoher Schreibkunst und jener Art von leuchtendem Nebel, der bei diesem Volk als klares Denken gilt. Aber das ist doch keine gedankliche Klarheit – das kann es gar nicht sein! Sogar zwölf Geschworene hätten genug Verstand, um das zu erkennen. Die Gedanken eines Erzählers müssen wahrhaftig arg durcheinander sein, ganz ohne klare Abfolge, wenn er damit anfängt, dass ein Mann die Ehefrau eines Regierungsrats auf der Straße trifft, und wenn er dann diesen simplen Vorgang unterbricht und die aufeinander zugehenden Personen stillstehen lässt, bis er aufgezählt hat, was die Frau alles anhatte. Das ist doch völlig absurd. Es erinnert mich an einen dieser Dentisten, die erst deine ungeteilte Aufmerksamkeit auf einen Zahn lenken, indem sie ihn mit einer Zange packen, und dann dastehen und dir eine endlose Geschichte erzählen, bevor es zu dem gefürchteten Ruck kommt. Lange Einschübe in Parenthesen machen sich immer schlecht, bei Erzählen wie bei der Zahnbehandlung.

Die Deutschen haben noch eine andere Art der Parenthese, die dadurch entsteht, dass sie ein Verb teilen und die

ting half of it at the beginning of an exciting chapter and the *other half* at the end of it. Can any one conceive of anything more confusing than that? These things are called "separable verbs." The German grammar is blistered all over with separable verbs; and the wider the two portions of one of them are spread apart, the better the author of the crime is pleased with his performance. A favorite one is *reiste ab* – which means *departed*. Here is an example which I culled from a novel and reduced to English:

"The trunks being now ready, he DE- after kissing his mother and sisters, and once more pressing to his bosom his adored Gretchen, who, dressed in simple white muslin, with a single tuberose in the ample folds of her rich brown hair, had tottered feebly down the stairs, still pale from the terror and excitement of the past evening, but longing to lay her poor aching head yet once again upon the breast of him whom she loved more dearly than life itself, PARTED."

However, it is not well to dwell too much on the separable verbs. One is sure to lose his temper early; and if he sticks to the subject, and will not be warned, it will at last either soften his brain or petrify it. Personal pronouns and adjectives are a fruitful nuisance in this language, and should have been left out. For instance, the same sound, *sie*, means *you*, and it means *she*, and it means *her*, and it means *it*, and it

eine Hälfte an den Anfang eines spannenden Kapitels stellen und die *andere Hälfte* ans Ende. Können Sie sich etwas Verwirrenderes vorstellen? Dergleichen nennt man «trennbare Verben». Die deutsche Grammatik strotzt nur so von trennbaren Verben, und je weiter die beiden Teile so eines Verbs voneinander getrennt sind, umso mehr freut sich der schriftstellernde Bösewicht seiner Übeltat. Besonders gefällt mir *reiste ab* – auf Englisch *departed*. Hier ist ein Beispiel, das ich aus einem Roman entnommen und vereinfacht ins Englische übertragen habe:

«Als das Gepäck verstaut war, REISTE er, nachdem er Mutter und Schwestern geküsst und sein geliebtes Gretchen, das, in ein schlichtes weißes Musselinkleid gehüllt und mit einer einzelnen Rose in den üppigen Locken ihres dichten braunen Haars mühsam die Treppe hinuntergewankt war, noch immer ganz blass von den Schrecken und Aufregungen des letzten Abends, aber sich danach sehnend, noch einmal ihr armes, schmerzendes Haupt an die Brust dessen zu lehnen, den sie mehr liebte als alles auf der Welt, an sein Herz gedrückt hatte, AB.»

Man sollte sich aber nicht allzu lange bei den trennbaren Verben aufhalten, sonst bekommt man schnell schlechte Laune, und wer allen Warnungen zum Trotz dennoch bei diesem Gegenstand verharrt, der erleidet am Ende eine Gehirnerweichung oder -versteinerung. Die Personalpronomen und Adjektive dieser Sprache sind immer wieder ein Ärgernis und wären besser weggelassen worden. Zum Beispiel kann ein und derselbe Laut *sie* dasselbe bedeuten wie englisch *you*,

means *they*, and it means *them*. Think of the ragged poverty of a language which has to make one word do the work of six – and a poor little weak thing of only three letters at that. But mainly, think of the exasperation of never knowing which of these meanings the speaker is trying to convey. This explains why, whenever a person says *sie* to me, I generally try to kill him, if a stranger.

Now observe the Adjective. Here was a case where simplicity would have been an advantage; therefore, for no other reason, the inventor of this language complicated it all he could. When we wish to speak of our "good friend or friends," in our enlightened tongue, we stick to the one form and have no trouble or hard feeling about it; but with the German tongue it is different. When a German gets his hands on an adjective, he declines it, and keeps on declining it until the common sense is all declined out of it. It is as bad as Latin. He says, for instance:

Singular

Nominative – Mein gut*er* Freund, my good friend.
Genitive – Mein*es* gut*en* Freund*es*, of my good friend.
Dative – Mein*em* gut*en* Freund, to my good friend.
Accusative – Mein*en* gut*en* Freund, my good friend.

und er kann *she* bedeuten und *her* und *it* und *they* und *them*.
Wie bettelarm muss eine Sprache sein, in der ein einzelnes
Wort die Arbeit von sechs Wörtern verrichten muss – und
dazu noch so ein schwaches kleines Ding aus nur drei Buchstaben. Aber vor allem stelle man sich vor, wie furchtbar es
ist, nie zu wissen, welche von diesen Bedeutungen jemand
meint. Das erklärt es, warum ich jeden, der *sie* zu mir sagt,
umbringen möchte, wenn ich ihn nicht kenne.

Und nun zu den Adjektiven. Hier haben wir eine Sache,
in der Einfachheit von Vorteil gewesen wäre; und darum,
und aus keinem anderen Grund, hat der Erfinder dieser
Sprache alles verkompliziert, wo er nur konnte. Wenn wir
in unserer eigenen vernünftigen Sprache von *our good
friend or friends* sprechen wollen, dann verwenden wir nur
eine Form und haben damit keine Probleme, aber im Deutschen ist das anders. Wenn ein Deutscher ein Adjektiv in die
Hände bekommt, dann dekliniert er es und dekliniert es so
lange, bis jeglicher Sinn aus ihm herausdekliniert ist. Das
ist genauso schlimm wie Latein. Er sagt zum Beispiel:

Singular

Nominativ – Mein gut*er* Freund, my good friend
Genitiv – Mein*es* gut*en* Freund*es*, of my good friend
Dativ – Mein*em* gut*en* Freund, to my good friend
Akkusativ – Mein*en* gut*en* Freund, my good friend

Plural

N. – Mein*e* gut*en* Freund*e*, my good friends.
G. – Mein*er* gut*en* Freund*e*, of my good friends.
D. – Mein*en* gut*en* Freund*en*, to my good friends.
A. – Mein*e* gut*en* Freund*e*, my good friends.

Now let the candidate for the asylum try to memorize those variations, and see how soon he will be elected. One might better go without friends in Germany than take all this trouble about them. I have shown what a bother it is to decline a good (male) friend; well, this is only a third of the work, for there is a variety of new distortions of the adjective to be learned when the object is feminine, and still another when the object is neuter. Now there are more adjectives in this language than there are black cats in Switzerland, and they must all be as elaborately declined as the examples above suggested. Difficult? – troublesome? – these words cannot describe it. I heard a Californian student in Heidelberg say, in one of his calmest moods, that he would rather decline two drinks than one German adjective.

The inventor of the language seems to have taken pleasure in complicating it in every way he could think of. For instance, if one is casually referring to a house, *Haus*, or a horse, *Pferd*, or a dog, *Hund*, he spells these words as I have indicated; but if he is re-

Plural

N. – Mein*e* gut*en* Freund*e*, my good friends
G. – Mein*er* gut*en* Freund*e*, of my good friends
D. – Mein*en* gut*en* Freund*en*, to my good friends
A. – Mein*e* gut*en* Freund*e*, my good friends

Lassen Sie mal einen Anwärter für die Irrenanstalt versuchen, sich diese Varianten einzuprägen, und Sie werden sehen, wie schnell man ihn aufnimmt. In Deutschland bleibt man besser ohne Freunde, anstatt sich ihretwegen diese Mühsal aufzubürden. Ich habe bisher vorgeführt, wie aufreibend es ist, einen guten (männlichen) Freund zu deklinieren, aber das ist nur ein Drittel der Arbeit, denn es gilt eine weitere Vielzahl von Verformungen des Adjektivs zu erlernen, wenn das Objekt weiblich, und noch mehr, wenn es sächlich ist. Nun gibt es in dieser Sprache mehr Adjektive als schwarze Katzen in der Schweiz, und alle müssen sie genauso umständlich dekliniert werden wie in den obenstehenden Beispielen. Schwierig? Mühsam? Diese Wörter sind ganz unzureichend. In Heidelberg habe ich mal gehört, wie ein Student aus Kalifornien ganz nüchtern feststellte, er würde lieber auf zwei Schnäpse verzichten, als ein deutsches Adjektiv zu deklinieren.

Der Erfinder dieser Sprache hat sich anscheinend einen Spaß daraus gemacht, Schwierigkeiten einzubauen, wo er nur konnte. Wenn man zum Beispiel ganz normal von einem *Haus* oder *Pferd* oder *Hund* spricht, dann schreibt man diese Wörter so, wie ich es getan habe. Spricht man

ferring to them in the Dative case, he sticks on a foolish and unnecessary *e* and spells them *Hause*, *Pferde*, *Hunde*. So, as an added *e* often signifies the plural, as the *s* does with us, the new student is likely to go on for a month making twins out of a Dative dog before he discovers his mistake; and on the other hand, many a new student who could ill afford loss, has bought and paid for two dogs and only got one of them, because he ignorantly bought that dog in the Dative singular when he really supposed he was talking plural – which left the law on the seller's side, of course, by the strict rules of grammar, and therefore a suit for recovery could not lie.

In German, all the Nouns begin with a capital letter. Now that is a good idea; and a good idea, in this language, is necessarily conspicuous from its lonesomeness. I consider this capitalizing of nouns a good idea, because by reason of it you are almost always able to tell a noun the minute you see it. You fall into error occasionally, because you mistake the name of a person for the name of a thing, and waste a good deal of time trying to dig a meaning out of it. German names almost always do mean something, and this helps to deceive the student. I translated a passage one day, which said that "the infuriated tigress broke loose and utterly ate up the unfortunate fir forest" (*Tannenwald*). When I was girding up my loins to doubt this, I found out that Tannenwald in this instance was a man's name.

aber von ihnen im Dativ, dann hängt man ein albernes und ganz überflüssiges *e* daran und schreibt Hause, Pferde, Hunde. Da nun aber ein angehängtes *e* oft den Plural bezeichnet, so wie es das *s* bei uns tut, ist es möglich, dass der Sprachanfänger monatelang aus einem Dativ-Hund ein Pärchen macht, bevor er seinen Irrtum bemerkt, und umgekehrt hat schon so mancher Neuling zwei Hunde gekauft und bezahlt, aber nur einen bekommen, weil er in seiner Unwissenheit diesen Hund im Dativ Singular gekauft hatte, aber glaubte, er habe im Plural gesprochen – und natürlich war das Recht gemäß den strengen Regeln der Grammatik aufseiten des Verkäufers, und eine Klage auf Kostenerstattung war ausgeschlossen.

Im Deutschen beginnen alle Substantive mit einem Großbuchstaben. Das ist nun mal eine gute Idee, und gute Ideen fallen in dieser Sprache besonders auf, weil sie so selten sind. Ich halte diese Großschreibung von Substantiven für eine gute Idee, weil man dadurch ein Substantiv fast immer auf Anhieb erkennt, wenn man es sieht. Gelegentlich irrt man sich aber und hält einen Personennamen für den Namen eines Dinges, und dann vergeudet man viel Zeit damit, hinter den Sinn zu kommen. Deutsche Namen bedeuten fast immer etwas, und das kann den Lernenden in die Irre führen. Ich habe mal einen Text übersetzt, in dem es hieß, «die wilde Tigerin riss sich los und verschlang den unglücklichen Tannenwald». Schon wollte ich mich aufplustern und meine Zweifel anmelden, da stellte ich fest, dass «Tannenwald» in diesem Fall ein Personenname war.

Every noun has a gender, and there is no sense or system in the distribution; so the gender of each must be learned separately and by heart. There is no other way. To do this one has to have a memory like a memorandum-book. In German, a young lady has no sex, while a turnip has. Think what overwrought reverence that shows for the turnip, and what callous disrespect for the girl. See how it looks in print – I translate this from a conversation in one of the best of the German Sunday-school books:

"*Gretchen*. Wilhelm, where is the turnip?

Wilhelm. She has gone to the kitchen.

Gretchen. Where is the accomplished and beautiful English maiden?

Wilhelm. It has gone to the opera."

To continue with the German genders: a tree is male, its buds are female, its leaves are neuter; horses are sexless, dogs are male, cats are female – tomcats included, of course; a person's mouth, neck, bosom, elbows, fingers, nails, feet, and body are of the male sex, and his head is male or neuter according to the word selected to signify it, and *not* according to the sex of the individual who wears it – for in Germany all the women wear either male heads or sexless ones; a person's nose, lips, shoulders, breast, hands, and toes are of the female sex; and his hair, ears, eyes, chin, legs, knees, heart, and

Jedes Substantiv hat ein Geschlecht, aber es gibt kein vernünftiges System, nach dem die Geschlechter verteilt sind, so dass man das Geschlecht jedes einzelnen Substantivs lernen muss. Anders geht es nicht. Um das zu bewerkstelligen, braucht man ein Gedächtnis wie ein Registerband. Im Deutschen hat ein junges Mädchen kein Geschlecht, aber eine Weiße Rübe hat eins. Man bedenke nur, welche übertriebene Hochachtung vor der Weißen Rübe das verrät und welche schnöde Missachtung des Mädchens. Sehen Sie mal, wie sich das liest – meine Übersetzung ist Teil eines Dialogs aus einem der besten deutschen Bücher für die Sonntagsschule:

«*Gretchen*. Wilhelm, wo ist die Weiße Rübe?

Wilhelm. Sie ist in die Küche gegangen.

Gretchen. Wo ist das kluge und hübsche Mädchen aus England?

Wilhelm. Es ist in die Oper gegangen.»

Um mit dem Geschlecht im Deutschen fortzufahren: Ein Baum ist männlich, seine Knospen sind weiblich, seine Blätter sächlich. Pferde sind geschlechtslos, Hunde männlich, Katzen weiblich (auch wenn sie Kater sind). Mund, Hals, Busen, Ellbogen, Finger, Nägel, Füße und Körper eines Menschen sind männlichen Geschlechts, und sein Kopf ist männlich oder sächlich, je nachdem, welches Wort man dafür wählt, aber nicht entsprechend dem Geschlecht der Person, die diesen Kopf besitzt, denn in Deutschland haben alle Frauen entweder einen männlichen oder einen geschlechtslosen Kopf. Nase, Lippen, Schultern, Brust, Hände, Hüften und Zehen eines Menschen sind weiblichen Geschlechts,

conscience haven't any sex at all. The inventor of
the language probably got what he knew about a
conscience from hearsay.

Now, by the above dissection, the reader will see
that in Germany a man may *think* he is a man, but
when he comes to look into the matter closely, he
is bound to have his doubts; he finds that in sober
truth he is a most ridiculous mixture; and if he
ends by trying to comfort himself with the thought
that he can at least depend on a third of this mess
as being manly and masculine, the humiliating second thought will quickly remind him that in this
respect he is no better off than any woman or cow
in the land.

In the German it is true that by some oversight of
the inventor of the language, a Woman is a female;
but a Wife (*Weib*) is not – which is unfortunate. A
Wife, here, has no sex; she is neuter; so, according
to the grammar, a fish is *he*, his scales are *she*, but a
fishwife is neither. To describe a wife as sexless may
be called under-description; that is bad enough, but
over-description is surely worse. A German speaks
of an Englishman as the *Engländer*; to change the
sex, he adds *in*, and that stands for Englishwom-
an – *Engländerin*. That seems descriptive enough,
but still it is not exact enough for a German; so he
precedes the word with that article which indicates
that the creature to follow is feminine, and writes it

aber Haar, Ohren, Augen, Beine, Knie, Herz und Gewissen haben keinerlei Geschlecht. Was ein Gewissen ist, kannte der Erfinder dieser Sprache vermutlich nur vom Hörensagen.

Nach diesen Darlegungen wird dem Leser klar sein, dass ein deutscher Mann *glauben* mag, er sei ein Mann, dass ihm aber bei genauerem Hinsehen Zweifel kommen müssen. Er stellt dann fest, dass er nüchtern betrachtet ein sehr komisches Mischwesen ist, und falls er sich am Ende damit trösten will, dass zumindest ein Drittel dieser Mixtur zweifelsfrei männlich und maskulin ist, dann belehrt ihn weiteres Nachdenken schnell und ernüchternd, dass er in dieser Hinsicht nicht besser dran ist als jede Frau oder Kuh im Lande.

Eine Frau ist im Deutschen aufgrund eines Versehens des Erfinders dieser Sprache tatsächlich weiblich, aber ein Weib ist es nicht – was bedauerlich ist. Ein Weib hat dort kein Geschlecht, es ist ein Neutrum, und während laut Grammatik ein Fisch *er* ist und seine Schuppen *sie*, ist ein Fischweib keins von beiden. Ein Weib geschlechtslos zu nennen könnte man als Untercharakterisierung bezeichnen, und das ist schon schlimm genug, aber eine Übercharakterisierung ist zweifellos noch schlimmer. Der Deutsche spricht von einem englischen Mann als *Engländer*. Um das Geschlecht zu ändern, hängt er ein *in* daran, und es wird eine englische Frau, eine *Engländerin* daraus. Damit ist sie ausreichend beschrieben, könnte man meinen, aber dem Deutschen genügt das nicht, und so stellt er diesem Wort einen Artikel voran, der anzeigt, dass das folgende Wesen feminin ist,

down thus: "die Engländerin," – which means "the *she-Englishwoman.*" I consider that that person is over-described.

Well, after the student has learned the sex of a great number of nouns, he is still in a difficulty, because he finds it impossible to persuade his tongue to refer to things as "*he*" and "*she,*" and "*him*" and "*her,*" which it has been always accustomed to refer to as "*it.*" When he even frames a German sentence in his mind, with the hims and hers in the right places, and then works up his courage to the utterance-point, it is no use – the moment he begins to speak his tongue flies the track and all those labored males and females come out as "its." And even when he is reading German to himself, he always calls those things "it," whereas he ought to read in this way:

Tale of the Fishwife and Its Sad Fate*

It is a bleak Day. Hear the Rain, how he pours, and the Hail, how he rattles; and see the Snow, how he drifts along, and oh the Mud, how deep he is! Ah the poor Fishwife, it is stuck fast in the Mire; it has dropped its Basket of Fishes; and its Hands have

* I capitalise the nouns, in the German (and ancient English) fashion.

132

und schreibt «*die* Engländer*in*» – was so viel heißt wie «die Weibliche-englische-Frau». Damit ist diese Person meines Erachtens übercharakterisiert.

Hat sich der Sprachschüler nun das Geschlecht einer großen Anzahl von Substantiven gemerkt, ist er aber immer noch in Schwierigkeiten, denn er kann seine Zunge einfach nicht dazu bringen, von etwas als *er* und *sie* und *ihm* und *ihr* zu sprechen, das er seit jeher als *es* zu bezeichnen gewohnt war. Hat er dann gar in Gedanken einen deutschen Satz konstruiert, in dem alle *ihm*-s und *ihr*-s an der richtigen Stelle stehen, nützt ihm das gar nichts, denn sobald er laut zu sprechen beginnt, springt seine Zunge aus dem Gleis, und diese mühsam unterschiedenen Männlein und Weiblein kommen allesamt als *es* heraus. Sogar wenn er etwas Deutsches still für sich liest, nennt er diese Dinge immer *es*, obwohl er es folgendermaßen lesen sollte:

Geschichte vom Fischweib und seinem traurigen Schicksal*

Es ist ein trüber Tag. Hört nur den Regen, wie er rauscht, und den Hagel, wie er trommelt; und seht den Schnee, wie er rieselt, und oh, den Morast, wie tief er ist! Ach, das arme Fischweib, es steckt im Schlamm fest. Es hat seinen Fischkorb fallen lassen, und es hat Schnittwunden an seinen

---

* Ich schreibe die Substantive groß, wie im Deutschen (und früher im Englischen) üblich.

been cut by the Scales as it seized some of the falling Creatures; and one Scale has even got into its Eye, and it cannot get her out. It opens its Mouth to cry for Help; but if any Sound comes out of him, alas he is drowned by the raging of the Storm. And now a Tomcat has got one of the Fishes and she will surely escape with him. No, she bites off a Fin, she holds her in her Mouth – will she swallow her? No, the Fishwife's brave Mother-dog deserts his Puppies and rescues the Fin – which he eats, himself, as his Reward. O, horror, the Lightning has struck the Fish-basket; he sets him on Fire; see the Flame, how she licks the doomed Utensil with her red and angry Tongue; now she attacks the helpless Fishwife's Foot – she burns him up, all but the big Toe, and even *she* is partly consumed; and still she spreads, still she waves her fiery Tongues; she attacks the Fishwife's Leg and destroys *it*; she attacks its Hand and destroys *her*; she attacks its poor worn garment and destroys *her* also; she attacks its Body and consumes *him*; she wreathes herself about its Heart and *it* is consumed; next about its Breast, and in a Moment *she* is a Cinder; now she reaches its Neck – *he* goes; now its Chin – *it* goes; now its Nose – *she* goes. In another Moment, except Help come, the Fishwife will be no more. Time presses – is there none to succor and save? Yes! Joy, joy, with flying Feet

Händen von den Schuppen der Fische, die es im Fallen zu packen versuchte. Eine Schuppe ist ihm sogar in sein Auge geraten, und es bekommt sie nicht wieder heraus. Es öffnet seinen Mund, um nach Hilfe zu rufen, aber sofern ein Laut aus ihm herauskommt, geht er, ach, in dem tosenden Sturm unter. Nun hat sich ein Kater einen Fisch geschnappt und will wohl mit ihm entkommen. Aber nein, er beißt ihm nur eine Flosse ab und hält sie in seinem Maul. Wird er sie herunterschlingen? Nein, die tapfere Hündin des Fischweibs lässt ihre Jungen im Stich und rettet die Flosse, die sie ihrerseits zur Belohnung verspeist. Oh Graus, der Blitz hat in den Fischkorb eingeschlagen, und er hat ihn in Brand gesteckt. Seht nur die Flamme, wie sie mit ihrer wilden roten Zunge den Gegenstand umzüngelt, der nicht mehr zu retten ist. Jetzt greift sie gar auf den Fuß des unglücklichen Fischweibs über. Sie verbrennt ihn ganz und gar, bis auf die große Zehe, und selbst *sie* ist bereits zur Hälfte verzehrt. Und sie breitet sich weiter aus, und ihre feurigen Zungen lodern. Sie setzt das Bein des Fischweibs in Brand und vertilgt *es*; sie zündet seine Hand an und vertilgt *sie*; sie entflammt sein armseliges Kleid, und vertilgt *es* ebenfalls. Sie setzt seinen ganzen Körper in Flammen und verzehrt *ihn*; sie greift nach seinem Herzen, und schon ist *es* verzehrt, sie umzüngelt seine Brust, und im Nu ist sie nur noch Asche. Jetzt erreicht sie seinen Hals – weg ist *er*; jetzt sein Kinn – weg ist *es*; jetzt seine Nase – weg ist *sie*. Gleich wird es kein Fischweib mehr geben, wenn es keine Hilfe bekommt. Die Zeit drängt – ist denn da keiner, zu retten, was zu retten ist?

the she-Englishwoman comes! But alas, the generous she-Female is too late: where now is the fated Fishwife? It has ceased from its Sufferings, it has gone to a better Land; all that is left of it for its loved Ones to lament over, is this poor smoldering Ash-heap. Ah, woeful, woeful Ash-heap! Let us take him up tenderly, reverently, upon the lowly Shovel, and bear him to his long Rest, with the Prayer that when he rises again it will be in a Realm where he will have one good square responsible Sex, and have it all to himself instead of having a mangy lot of assorted Sexes scattered all over him in spots.

There, now, the reader can see for himself that this pronoun business is a very awkward thing for the unaccustomed tongue.

I suppose that in all languages the similarities of look and sound between words which have no similarity in meaning are a fruitful source of perplexity to the foreigner. It is so in our tongue, and it is notably the case in the German. Now there is that troublesome word *vermählt*: to me it has so close a resemblance – either real or fancied – to three or four other words, that I never know whether it means despised, painted, suspected, or married; until I look in the dictionary, and then I find it means the latter. There are lots of such words and they are

Doch! Oh welche Freude! Flugs nähert sich die weibliche englische Frau. Aber weh und ach, die hilfsbereite sie-Frau kommt zu spät! Wo ist nur das unselige Fischweib? Es ist von seinem Leiden erlöst, es ist in eine bessere Welt hinübergegangen. Alles, was seinen trauernden Hinterbliebenen von ihm geblieben ist, ist dieses klägliche rauchende Aschehäufchen! Ach, du trauriges Aschehäufchen! Nehmen wir es behutsam und ehrfürchtig mit der demütigen Schaufel auf, und tragen wir es zu seiner letzten Ruhe, begleitet von dem Gebet, dass es in einem Reich auferstehen möge, in dem es ein ordentliches Geschlecht erhält, das es ganz für sich allein hat, und nicht so eine räudige Ansammlung der verschiedensten Geschlechter, mit denen es übersät ist wie mit Windpocken.

So, nun sieht der Leser selbst, dass diese Pronomen für eine ungeübte Zunge eine äußert missliche Angelegenheit sind.

Ich vermute, dass es in allen Sprachen Wörter gibt, die einander in Schrift oder Klang ähnlich sind, aber ganz verschiedene Bedeutung haben und die deshalb für den Fremden eine ergiebige Quelle der Verwirrung sind. Das ist in unserer Sprache so, und im Deutschen ist es ganz besonders der Fall. Da ist zum Beispiel das lästige Wort *vermählt*. Für mich besteht da – sei es tatsächlich oder eingebildet – eine so starke Ähnlichkeit mit drei oder vier anderen Wörtern, dass ich nie so recht weiß, ob es verschmäht, gemalt, vermeintlich oder verheiratet bedeutet, bis ich im Wörterbuch nachsehe und feststelle, dass es das Letztere ist. Es gibt eine Menge

a great torment. To increase the difficulty there are words which *seem* to resemble each other, and yet do not; but they make just as much trouble as if they did. For instance, there is the word *vermieten* (to let, to lease, to hire); and the word *verheiraten* (another way of saying to *marry*). I heard of an Englishman who knocked at a man's door in Heidelberg and proposed, in the best German he could command, to "verheiraten" that house. Then there are some words which mean one thing when you emphasize the first syllable, but mean something very different if you throw the emphasis on the last syllable. For instance, there is a word which means a runaway, or the act of glancing through a book, according to the placing of the emphasis; and another word which signifies to *associate* with a man, or to *avoid* him, according to where you put the emphasis – and you can generally depend on putting it in the wrong place and getting into trouble.

There are some exceedingly useful words in this language. *Schlag*, for example; and *Zug*. There are three-quarters of a column of *Schlags* in the dictionary, and a column and a half of *Zugs*. The word *Schlag* means Blow, Stroke, Dash, Hit, Shock, Clap, Slap, Time, Bar, Coin, Stamp, Kind, Sort, Manner, Way, Apoplexy, Woodcutting, Enclosure, Field, Forest-Clearing. This is its simple and *exact* meaning –

solcher Wörter, und sie sind eine große Qual. Um alles noch schwieriger zu machen, gibt es auch Wörter, die einander *scheinbar* ähnlich sind, aber nicht wirklich, und die bereiten genauso viel Verdruss, wie wenn sie es wären. Es gibt zum Beispiel die Wörter *vermieten* (*to let, to lease, to hire*) und *verheiraten* (was so viel bedeutet wie *ehelichen*). Ich habe mal von einem Engländer gehört, der in Heidelberg an eine Tür klopfte und in seinem besten Deutsch dem Besitzer erklärte, er wolle das Haus gerne *verheiraten*. Und dann gibt es einige Wörter, die eine bestimmte Bedeutung haben, wenn man sie auf der ersten Silbe betont, aber eine ganz andere Bedeutung, wenn die Betonung auf die letzte Silbe fällt. Zum Beispiel ist da ein Wort, das entweder jemanden bezeichnet, der auf der Flucht ist, oder den Vorgang des schnellen Blätterns in einem Buch, je nachdem, wie man es betont; und ein anderes Wort, das *sich mit jemandem verbünden* bedeuten kann oder *jemandem aus dem Weg gehen*, je nach Betonung. Man kann sicher sein, dass man diese jedes Mal an die falsche Stelle setzt und sich damit Scherereien einhandelt.

Es gibt auch einige überaus nützliche Wörter in dieser Sprache, *Schlag* zum Beispiel und *Zug*. *Schlag* nimmt im Wörterbuch eine Dreiviertelspalte ein und *Zug* anderthalb Spalten. Das Wort *Schlag* bedeutet Stoß, Streich, Schmiss, Hieb, Erschütterung, Klaps, Klatsch, Zeitmaß, Takt, Münzprägung, Gepräge, Art, Rasse, Weise, Apoplexie, Holzfällen, Gehege, Flurstück, Waldrodung. Das ist seine einfache und *genaue* Bedeutung – das heißt seine engere, einge-

that is to say, its restricted, its fettered meaning; but there are ways by which you can set it free, so that it can soar away, as on the wings of the morning, and never be at rest. You can hang any word you please to its tail, and make it mean anything you want to. You can begin with *Schlag-ader*, which means artery, and you can hang on the whole dictionary, word by word, clear through the alphabet to *Schlag-wasser*, which means bilge-water – and including *Schlag-mutter*, which means mother-in-law.

Just the same with *Zug*. Strictly speaking, *Zug* means Pull, Tug, Draught, Procession, March, Progress, Flight, Direction, Expedition, Train, Caravan, Passage, Stroke, Touch, Line, Flourish, Trait of Character, Feature, Lineament, Chess Move, Organ Stop, Team, Whiff, Bias, Drawer, Propensity, Inhalation, Disposition: but that thing which it does *not* mean – when all its legitimate pennants have been hung on, has not been discovered yet.

One cannot overestimate the usefulness of *Schlag* and *Zug*. Armed just with these two, and the word *also*, what cannot the foreigner on German soil accomplish? The German word *Also* is the equivalent of the English phrase "You know," and does not mean anything at all – in *talk*, though it sometimes does in print. Every time a German opens his mouth an *Also* falls out; and every time he shuts it he bites one in two that was trying to get out.

grenzte Bedeutung. Es gibt aber Möglichkeiten, es zu befreien, so dass es sich wie auf den Schwingen der Morgenröte in die Lüfte erheben kann und nie zum Stillstand kommt. Man kann ihm jedes beliebige Wort anhängen und ihm jede Bedeutung geben, die einem gefällt. Man kann bei *Schlag-ader* anfangen, was Arterie bedeutet, und dann Wort für Wort das ganze Wörterbuch dranhängen, quer durchs Alphabet bis hin zu *Schlag-wasser*, also Bilgewasser, und einschließlich *Schlag-mutter*, was Schwiegermutter heißt.

Genauso mit *Zug*. Streng genommen bedeutet *Zug* so viel wie Ruck, Zerren, Luftstrom, Prozession, Marsch, Vormarsch, Vogelflug, Richtung, Feldzug, Eisenbahn, Kolonne, Durchgang, mechanische Spannung, Anflug, Linienführung, Schnörkel, Charaktereigenschaft, Gesichtsbildung, Merkmal, Schachbewegung, Orgelregister, Gespann, Hauch, Hang, Schublade, Neigung, Inhalation, Veranlagung. Die einzige Bedeutung, die es nicht haben kann, wenn alle legitimen Anhängsel angefügt sind, hat noch niemand entdeckt.

Die Nützlichkeit von *Schlag* und *Zug* kann man gar nicht überschätzen. Was kann der Fremde auf deutschem Boden nicht alles erreichen, allein ausgestattet mit diesen beiden Wörtern und dem Wort *also*! Das deutsche Wort *also* entspricht der englischen Redewendung «You know». Gesprochen hat es keinerlei Bedeutung und geschrieben nur manchmal. Sobald ein Deutscher den Mund aufmacht, fällt ein *also* heraus, und wenn er ihn wieder zumacht, beißt er eins entzwei, das gerade herausrutschen wollte.

Now, the foreigner, equipped with these three noble words, is master of the situation. Let him talk right along, fearlessly; let him pour his indifferent German forth, and when he lacks for a word, let him heave a *Schlag* into the vacuum; all the chances are that it fits it like a plug, but if it doesn't let him promptly heave a *Zug* after it; the two together can hardly fail to bung the hole; but if, by a miracle, they *should* fail, let him simply say *Also!* and this will give him a moment's chance to think of the needful word. In Germany, when you load your conversational gun it is always best to throw in a *Schlag* or two and a *Zug* or two, because it doesn't make any difference how much the rest of the charge may scatter, you are bound to bag something with *them*. Then you blandly say *Also*, and load up again. Nothing gives such an air of grace and elegance and unconstraint to a German or an English conversation as to scatter it full of "Also's" or "You knows."

In my note-book I find this entry:

> July 1. – In the hospital yesterday, a word of thirteen syllables was successfully removed from a patient – a North German from near Hamburg; but as most unfortunately the surgeons had opened him in the wrong place, under the impression that he contained a panorama, he died. The sad event has cast a gloom over the whole community.

Der Ausländer ist nun, versehen mit diesen drei edlen Wörtern, stets Herr der Lage. Jetzt kann er unbesorgt daherreden, kann seinem mangelhaften Deutsch freien Lauf lassen, und wenn ihm ein Wort fehlt, kann er die Lücke mit einem *Schlag* füllen. Mit größter Wahrscheinlichkeit wird es hineinpassen wie ein Stöpsel. Wenn nicht, dann kann er ein *Zug* nachschieben, und gemeinsam werden die beiden gewiss das Loch stopfen. Gelingt ihnen das ausnahmsweise doch nicht, dann sagt er einfach *Also!,* und gewinnt damit Zeit, nach dem richtigen Wort zu suchen. Wenn man in Deutschland seine Konversationsflinte lädt, dann ist es das Beste, man stopft auch ein paar *Schlag* und *Zug* hinein, denn gleichgültig, wie breit die übrige Ladung streut – mit *diesen* beiden erlegt man immer etwas. Dann sagt man einfach *Also* und lädt nach. Nichts verleiht einer Unterhaltung auf Deutsch oder Englisch einen solchen Anstrich von Gewandtheit und Eleganz und Ungezwungenheit, wie wenn eine Menge *Alsos* oder *You-knows* eingestreut werden.

In meinem Notizbuch finde ich folgende Eintragung:

1. Juli – Gestern wurde einem Krankenhauspatienten, einem Norddeutschen aus der Nähe von Hamburg, erfolgreich ein dreizehn Silben langes Wort entfernt. Unglücklicherweise nahmen die Chirurgen den Eingriff an der falschen Stelle vor, in der Annahme, der Mann habe ein Panorama, und so verstarb er. Der traurige Vorfall warf einen Schatten über die ganze Gemeinde.

That paragraph furnishes a text for a few remarks about one of the most curious and notable features of my subject – the length of German words. Some German words are so long that they have a perspective. Observe these examples:

Freundschaftsbezeigungen.
Dilettantenaufdringlichkeiten.
Stadtverordnetenversammlungen.

These things are not words, they are alphabetical processions. And they are not rare; one can open a German newspaper at any time and see them marching majestically across the page – and if he has any imagination he can see the banners and hear the music, too. They impart a martial thrill to the meekest subject. I take a great interest in these curiosities. Whenever I come across a good one, I stuff it and put it in my museum. In this way I have made quite a valuable collection. When I get duplicates, I exchange with other collectors, and thus increase the variety of my stock. Here are some specimens which I lately bought at an auction sale of the effects of a bankrupt bric-a-brac hunter:

GENERALSTAATSVERORDNETENVERSAMMLUNGEN.

ALTERTUMSWISSENSCHAFTEN.

KINDERBEWAHRUNGSANSTALTEN.

Diese Notiz liefert Stoff für einige Bemerkungen über eine der seltsamsten und bemerkenswertesten Eigenschaften meines Gegenstandes, nämlich die Länge deutscher Wörter. Es gibt deutsche Wörter, die so lang sind, dass sie in der Ferne zu verschwinden scheinen. Nehmen wir diese Beispiele:

Freundschaftsbezeigungen
Dilettantenaufdringlichkeiten
Stadtverordnetenversammlungen

Das sind keine Wörter, das sind alphabetische Prozessionen, und sie sind gar nicht selten. Man kann jederzeit eine deutsche Zeitung aufschlagen und sieht sie dann majestätisch über die Seite marschieren – und wer ein bisschen Phantasie hat, sieht dann sogar die Fahnen und hört die Musik. Auch das harmloseste Thema erhält dadurch etwas Martialisches. Ich interessiere mich sehr für solche Kuriositäten, und immer wenn ich eine besonders gute finde, stopfe ich sie aus und stelle sie in mein Museum. Auf diese Weise habe ich es schon zu einer recht wertvollen Sammlung gebracht. Wenn ich Dubletten bekomme, tausche ich sie mit anderen Sammlern und erweitere so die Vielfalt meiner Objekte. Hier sind einige Exemplare, die ich vor Kurzem bei der Versteigerung des Besitzes eines bankrotten Trödeljägers erworben habe:

GENERALSTAATSVERORDNETENVERSAMMLUNGEN

ALTERTUMSWISSENSCHAFTEN

KINDERBEWAHRUNGSANSTALTEN

UNABHÄNGIGKEITSERKLÄRUNGEN.

WIEDERHERSTELLUNGBESTREBUNGEN.

WAFFENSTILLSTANDSUNTERHANDLUNGEN.

Of course when one of these grand mountain ranges
goes stretching across the printed page, it adorns and en-
nobles that literary landscape – but at the same time it
is a great distress to the new student, for it blocks up his
way; he cannot crawl under it, or climb over it, or tun-
nel through it. So he resorts to the dictionary for help,
but there is no help there. The dictionary must draw the
line somewhere – so it leaves this sort of words out. And
it is right, because these long things are hardly legitimate words, but are rather combinations of words, and
the inventor of them ought to have been killed. They are
compound words with the hyphens left out. The various
words used in building them are in the dictionary, but in
a very scattered condition; so you can hunt the materi-
als out, one by one, and get at the meaning at last, but it
is a tedious and harassing business. I have tried this pro-
cess upon some of the above examples. "Freundschaftsbezeigungen" seems to be "Friendship demonstrations,"
which is only a foolish and clumsy way of saying "demonstrations of friendship." "Unabhängigkeitserklärungen" seems to be "Independencedeclarations," which is
no improvement upon "Declarations of Independence,"
so far as I can see. "Generalstaatsverordnetenversammlungen" seems to be "Generalstatesrepresenta-

UNABHÄNGIGKEITSERKLÄRUNGEN

WIEDERHERSTELLUNGSBESTREBUNGEN

WAFFENSTILLSTANDSUNTERHANDLUNGEN

Wenn sich so eine mächtige Bergkette über eine ganze Seite hin erstreckt, dann schmückt und adelt sie die literarische Landschaft, aber zugleich ist sie für den Sprachneuling ein großes Ärgernis, denn sie versperrt ihm den Weg: Er kann nicht darunter durchkriechen oder darüberklettern oder sich hindurchgraben. Also sucht er Hilfe im Wörterbuch; aber es bietet ihm keine Hilfe. Ein Wörterbuch muss irgendwo eine Grenze ziehen und lässt deshalb solche Wörter aus. Das ist auch richtig so, denn diese langen Dinger sind eigentlich keine Wörter sondern Wortverbindungen, und den, der sie erfunden hat, hätte man umbringen müssen. Es sind Komposita, denen die Bindestriche fehlen. Die einzelnen Wörter, aus denen sie zusammengebaut sind, stehen im Wörterbuch, aber weit verstreut, und man kann sich zwar die Bausteine nacheinander zusammensuchen und so am Ende den Sinn verstehen, aber das ist ein mühsamer und aufreibender Vorgang. Ich habe das an einigen der oben genannten Beispiele ausprobiert. «Freundschaftsbezeigungen» (*Friendshipdemonstrations*) ist nur eine alberne und umständliche Art, *demonstrations of friendship* zu sagen. «Unabhängigkeitserklärungen» (*Independencedeclarations*) ist, soweit ich es sehe, nicht besser als *Declarations of Independence*. «Generalstaatsverordnetenversammlungen» (*Generalstatesrepresentatives meetings*) ist

tivesmeetings," as nearly as I can get at it – a mere rhythmical, gushy euphemism for "meetings of the legislature," I judge. We used to have a good deal of this sort of crime in our literature, but it has gone out now. We used to speak of a thing as a "never-to-be-forgotten" circumstance, instead of cramping it into the simple and sufficient word "memorable" and then going calmly about our business as if nothing had happened. In those days we were not content to embalm the thing and bury it decently, we wanted to build a monument over it.

But in our newspapers the compounding disease lingers a little to the present day, but with the hyphens left out, in the German fashion. This is the shape it takes: instead of saying "Mr Simmons, clerk of the county and district courts, was in town yesterday," the new form puts it thus: "Clerk of the County and District Courts Simmons was in town yesterday." This saves neither time nor ink, and has an awkward sound besides. One often sees a remark like this in our papers: "*Mrs* Assistant District Attorney Johnson returned to her city residence yesterday for the season." That is a case of really unjustifiable compounding; because it not only saves no time or trouble, but confers a title on Mrs Johnson which she has no right to. But these little instances are trifles indeed, contrasted with the ponderous and dismal German system of piling jumbled compounds together. I wish to submit the following local item, from a Mannheim journal, by way of illustration:

meiner Meinung nach nichts weiter als ein melodisch spru-
delnder Wortschwall für *meetings of the legislature*. Früher
gab es in unserer Literatur auch viele Frevel von dieser
Art, aber das ist jetzt vorbei. Wir sprachen damals von
etwas als einem «nie-zu-vergessenden» Ereignis, anstatt
alles in das schlichte, völlig ausreichende Wort «denkwür-
dig» zu packen und dann in aller Ruhe weiterzumachen, als
wäre nichts gewesen. Damals genügte es uns nicht, etwas
einzubalsamieren und es dann anständig zu begraben, wir
mussten ein Monument darüber errichten.

In unseren Zeitungen kommt diese Komposititis bis heute vor, aber wie im Deutschen ohne Bindestriche. Das sieht
dann so aus: Anstatt zu schreiben «Mr Simmons, der Ur-
kundsbeamte des Kreis- und Bezirksgerichts, war gestern
in der Stadt», lautet die neue Form «Urkundsbeamter des
Kreis- und Bezirksgerichts Simmons war gestern in der
Stadt». Das spart weder Zeit noch Druckerschwärze und
klingt außerdem schwerfällig. Nicht selten liest man in unseren Zeitungen Dinge wie diese: «*Frau* Zweiter Staats-
anwalt Johnson kehrte gestern für die Dauer der Saison in
ihre Stadtwohnung zurück.» Das ist ein Beispiel für ein völlig ungerechtfertigtes Kompositum, denn es erspart einem
keine Zeit oder Mühe und verleiht Mrs Johnson außerdem
einen Titel, auf den sie keinerlei Anspruch hat. Aber diese
kleinen Beispiele sind lediglich Trivialitäten im Vergleich
zu dem deutschen Verfahren, zusammengestückelte Komposita aufzuhäufen. Um das zu veranschaulichen, lege ich
folgende Notiz aus einer Mannheimer Lokalzeitung vor:

"In the daybeforeyesterdayshortlyaftereleven-o'clock Night, the inthistownstandingtavern called 'The Wagoner' was downburnt. When the fire to the onthedownburninghouseresting Stork's Nest reached, flew the parent Storks away. But when the bytheraging firesurrounded Nest *itself* caught Fire, straightway plunged the quickreturning Mother-Stork into the Flames and died, her Wings over her young ones outspread."

Even the cumbersome German construction is not able to take the pathos out of that picture – indeed, it somehow seems to strengthen it. This item is dated away back yonder months ago. I could have used it sooner, but I was waiting to hear from the Father-Stork. I am still waiting.

Also!" If I have not shown that the German is a difficult language, I have at least intended to do so. I have heard of an American student who was asked how he was getting along with his German, and who answered promptly: "I am not getting along at all. I have worked at it hard for three level months, and all I have got to show for it is one solitary German phrase – '*zwei Glas*'" (two glasses of beer). He paused for a moment, reflectively; then added with feeling: "But I've got that *solid*!"

And if I have not also shown that German is a harassing and infuriating study, my execution has been at fault, and not my intent. I heard lately of a worn and sorely tried American student who used to fly

«In der vorgestrigenkurznachelfuhr Nacht ist die indieser-stadtstehendegastwirtschaft ‹Zum Wagner› abgebrannt. Als das Feuer das aufdembrennendenhausbefindliche Storchennest erreichte, flogen die Storcheneltern davon. Doch als das vondenflammeneingeschlossene Nest *selbst* in Brand geriet, stürzte sich die schnellzurückkehrende Storchenmutter sogleich ins Feuer und starb, ihre Flügel über ihre Jungen gebreitet.»

Nicht einmal der schwerfällige deutsche Satzbau vermag das Rührende an diesem Bild zu verdecken – er scheint es sogar zu verstärken. Dieser Artikel trägt das Datum von vor Monaten. Ich hätte ihn schon eher verwenden können, aber ich habe darauf gewartet, von dem Storchenvater zu hören. Ich warte immer noch.

«*Also!*» Falls es mir nicht gelungen ist zu zeigen, dass Deutsch eine schwierige Sprache ist, dann habe ich es doch zumindest versucht. Ich habe mal von einem amerikanischen Studenten gehört, der gefragt wurde, welche Fortschritte er mit seinem Deutsch mache, und der darauf prompt antwortete: «Gar keine. Ich habe volle drei Monate hart daran gearbeitet, und alles, was dabei herausgekommen ist, sind die Worte ‹Zwei Glas›» (zwei Gläser Bier). Er dachte einen Augenblick lang nach und fügt dann mit Überzeugung hinzu: «Aber die beherrsche ich *perfekt*!»

Und falls es mir auch nicht gelungen ist zu zeigen, dass es einen zur Verzweiflung und Raserei treiben kann, Deutsch zu lernen, dann lag das an meiner Darstellung, aber nicht an meiner guten Absicht. Vor Kurzem habe ich von einem leid-

to a certain German word for relief when he could bear up under his aggravations no longer – the only word whose sound was sweet and precious to his ear and healing to his lacerated spirit. This was the word *damit*. It was only the *sound* that helped him, not the meaning*; and so, at last, when he learned that the emphasis was not on the first syllable, his only stay and support was gone, and he faded away and died.

I think that a description of any loud, stirring, tumultuous episode must be tamer in German than in English. Our descriptive words of this character have such a deep, strong, resonant sound, while their German equivalents do seem so thin and mild and energyless. Boom, burst, crash, roar, storm, bellow, blow, thunder, explosion; howl, cry, shout, yell, groan; battle, hell. These are magnificent words; the have a force and magnitude of sound befitting the things which they describe. But their German equivalents would be ever so nice to sing the children to sleep with, or else my awe-inspiring ears were made for display and not for superior usefulness in analyzing sounds. Would any man want to die in a battle which was called by so tame a term as a *Schlacht*? Or would not a comsumptive feel too much bundled up, who was about to go out, in a shirt-collar and a seal-ring, into a storm

---

* It merely means, in its general sense, *"herewith."*

geprüften amerikanischen Studenten gehört, der jedes Mal bei einem bestimmten deutschen Wort Zuflucht und Linderung suchte, wenn seine Qualen zu groß wurden – das einzige Wort in der ganzen Sprache, das ihm süß und köstlich in den Ohren klang und Balsam für seine gemarterte Seele war. Dieses Wort war *damit*. Was ihm guttat, war allein der *Klang*, nicht die Bedeutung*, und als er schließlich erfuhr, dass die Betonung nicht auf der ersten Silbe liegt, waren ihm Stab und Stütze genommen, und er verkümmerte und starb.

Ich glaube, dass die Beschreibung eines lautstarken, mitreißenden, aufrührerischen Ereignisses auf Deutsch leiser ausfällt als im Englischen. Unsere beschreibenden Wörter für dergleichen haben einen tiefen, starken, dröhnenden Klang, während ihre deutschen Entsprechungen dagegen schwach und saft- und kraftlos wirken. *Boom, burst, crash, roar, storm, bellow, blow, thunder, explosion; howl, cry, shout, yell, groan; battle, hell* – das sind großartige Wörter; sie besitzen einen kernigen, mächtigen Klang, der den Dingen angemessen ist, die sie beschreiben. Mit ihren deutschen Entsprechungen dagegen könnte man sehr hübsch Kinder in den Schlaf singen – wenn meine beachtlichen Ohren nicht nur Zierrat sind, sondern den höheren Zweck der Klanganalyse erfüllen. Welcher Mann möchte schon in einem Kampf sterben, der mit einem so zahmen Wort wie *Schlacht* bezeichnet wird? Und käme sich ein Schwindsüchtiger nicht viel zu warm angezogen vor, der mit nichts als einem Hemd-

---

* Mark Twain spielt hier auf die Ähnlichkeit des deutschen «damit» und des englischen *dammit* (*damn it*, verdammt!) an. (Anm. d. Ü.)

which the bird-song word *Gewitter* was employed
to describe? And observe the strongest of the several
German equivalents for explosion – *Ausbruch*. Our
word Toothbrush is more powerful than that. It seems
to me that the Germans could do worse than import
it into their language to describe particularly tremendous explosions with. The German word for hell –
Hölle – sounds more like *helly* than anything else;
therefore, how necessarily chipper, frivolous, and un-
impressive it is. If a man were told in German to go
there, could he really rise to the dignity of feeling
insulted?

Having pointed out, in detail, the several vices of
this language, I now come to the brief and pleasant
task of pointing out its virtues. The capitalizing of
the nouns I have already mentioned. But far before
this virtue stands another – that of spelling a word
according to the sound of it. After one short lesson
in the alphabet, the student can tell how any German
word is pronounced without having to ask; whereas
in our language if a student should inquire of us,
"What does B, O, W, spell?" we should be obliged
to reply, "Nobody can tell what it spells when you
set if off by itself; you can only tell by referring
to the context and finding out what it signifies –
whether it is a thing to shoot arrows with, or a nod
of one's head, or the forward end of a boat."

There are some German words which are singular-

kragen und einem Siegelring am Leib in ein Unwetter hinausgehen wollte, für das man das an Vogelgezwitscher erinnernde Wort *Gewitter* verwendet? Oder nehmen Sie das stärkste von mehreren deutschen Wörtern für *explosion*: *Ausbruch*. Da steckt doch in unserem Wort *toothbrush* mehr Energie. Die Deutschen wären meines Erachtens gut beraten, wenn sie dieses Wort importierten, um damit besonders heftige Explosionen zu bezeichnen. Das deutsche Wort *Hölle* hört sich an wie *helly*, und diese erscheint folglich niedlich, komisch und wenig beeindruckend. Wenn man jemandem auf Deutsch sagte, er solle sich dorthin scheren – würde der sich wirklich dazu aufraffen, sich beleidigt zu fühlen?

Nachdem ich ausführlich die zahlreichen Schwächen dieser Sprache aufgezeigt habe, ist es jetzt meine erfreuliche Aufgabe, in aller Kürze ihre Stärken aufzuzeigen. Die Großschreibung der Substantive habe ich bereits erwähnt. Aber diese Tugend wird bei Weitem übertroffen von einer anderen, nämlich der Schreibung eines Wortes gemäß seinem Klang. Nach einer kurzen Einführung ins Alphabet weiß der Sprachschüler, wie jedes deutsche Wort ausgesprochen wird, ohne fragen zu müssen. Wenn uns dagegen jemand, der unsere Sprache lernt, fragen würde: «Was bedeutet *b-o-w*?», dann müssten wir antworten: «Das weiß niemand, solange das Wort für sich steht. Man weiß erst, was es bedeutet, wenn es in einem Kontext steht – ob es ein Ding ist, mit dem man Pfeile abschießt, oder eine Kopfbewegung oder das vordere Ende eines Schiffes.»

Es gibt deutsche Wörter, die eine außerordentlich starke

ly and powerfully effective. For instance, those which describe lowly, peaceful, and affectionate home life; those which deal with love, in any and all forms, from mere kindly feeling and honest good will toward the passing stranger, clear up to courtship; those which deal with outdoor Nature, in its softest and loveliest aspects – with meadows and forests, and birds and flowers, the fragrance and sunshine of summer, and the moonlight of peaceful winter nights; in a word, those which deal with any and all forms of rest, repose, and peace; those also which deal with the creatures and marvels of fairyland; and lastly and chiefly, in those words which express pathos, is the language surpassingly rich and affective. There are German songs which can make a stranger to the language cry. That shows that the *sound* of the words is correct – it interprets the meanings with truth and with exactness; and so the ear is informed, and through the ear, the heart.

The Germans do not seem to be afraid to repeat a word when it is the right one. They repeat it several times, if they choose. That is wise. But in English, when we have used a word a couple of times in a paragraph, we imagine we are growing tautological, and so we are weak enough to exchange it for some other word which only approximates exactness, to escape what we wrongly fancy is a greater blemish. Repetition may be bad, but surely inexactness is worse.

Wirkung besitzen, zum Beispiel jene, die sich auf das schlichte, friedliche und innige häusliche Leben beziehen; oder jene, die mit der Liebe in allen ihren Formen zu tun haben, von einfachem Wohlwollen und aufrichtiger Hilfsbereitschaft gegenüber einem Fremden bis hinauf zur Brautwerbung; oder jene, die die sanftesten und schönsten Seiten der freien Natur betreffen – Wiesen und Wälder, Vögel und Blumen, den Duft und Sonnenschein des Sommers und den Mondschein in stillen Winternächten, kurz alle Wörter, die sich auf jegliche Art von Muße, Ruhe und Frieden beziehen; und auch jene für die Wesen und Wunder der Märchenwelt. Und schließlich und vor allem ist diese Sprache überaus reich und ausdrucksvoll in ihren Wörtern für Gefühle. Es gibt deutsche Lieder, die sogar jemanden, der die Sprache nicht kennt, zum Weinen bringen. Daran sieht man, dass der *Klang* der Worte stimmt – er erfasst ihre Bedeutung zutreffend und genau; und auf diese Weise wird das Ohr angesprochen und durch das Ohr das Herz.

Die Deutschen scheuen sich anscheinend nicht, ein Wort zu wiederholen, wenn es das passende ist. Wenn sie wollen, wiederholen sie es sogar mehrmals. Das ist klug. Wenn wir dagegen im Englischen ein Wort innerhalb eines Absatzes ein paarmal wiederholt haben, bilden wir uns ein, tautologisch zu werden, und dann sind wir so schwach, dass wir es durch ein anderes ersetzen, das dem ersten Wort nur annähernd entspricht, und das alles nur, um zu vermeiden, was wir fälschlich für den größeren Makel halten. Wiederholung mag unschön sein, aber Ungenauigkeit ist gewiss schlimmer.

There are people in the world who will take a great deal of trouble to point out the faults in a religion or a language, and then go blandly about their business without suggesting any remedy. I am not that kind of person. I have shown that the German language needs reforming. Very well, I am ready to reform it. At least I am ready to make the proper suggestions. Such a course as this might be immodest in another; but I have devoted upward of nine full weeks, first and last, to a careful and critical study of this tongue, and thus have acquired a confidence in my ability to reform it which no mere superficial culture could have conferred upon me.

In the first place, I would leave out the Dative case. It confuses the plurals; and, besides, nobody ever knows when he is in the Dative case, except he discover it by accident – and then he does not know when or where it was that he got into it, or how long he has been in it, or how he is ever going to get out of it again. The Dative case is but an ornamental folly – it is better to discard it.

In the next place, I would move the Verb further up to the front. You may load up with ever so good a Verb, but I notice that you never really bring down a subject with it at the present German range – you only cripple it. So I insist that this important part of speech should be brought forward

Es gibt Menschen auf der Welt, die mit viel Aufwand die Mängel einer Religion oder einer Sprache aufzeigen und dann wieder seelenruhig ihrem Tagewerk nachgehen, ohne irgendwelche Verbesserungsvorschläge zu machen. Zu diesen Leuten gehöre ich nicht. Ich habe gezeigt, dass die deutsche Sprache reformbedürftig ist. Also gut, dann werde ich sie reformieren. Zumindest bin ich bereit, diesbezügliche Vorschläge zu machen. Bei jedem anderen könnte dieses Vorgehen unbescheiden wirken, aber ich habe alles in allem mindestens neun volle Wochen mit dem gründlichen und kritischen Studium dieser Sprache verbracht und habe mir damit ein Vertrauen in meine Fähigkeit, sie zu reformieren, erworben, das mir eine oberflächliche Bildung nie hätte vermitteln können.

Als Erstes würde ich den Dativ weglassen. Man verwechselt ihn immer mit dem Plural, und außerdem weiß man nie, wann man sich im Dativ befindet, wenn man es nicht zufällig entdeckt – und dann weiß man nicht, wann oder wo man hineingeraten ist oder wie lange man schon drin ist und ob man je wieder herauskommen wird. Der Dativ ist nichts als eine sinnlose Verzierung, auf die man besser verzichtet.

Als Nächstes würde ich das Verb weiter nach vorne rücken. Man kann ein noch so gutes Verb in den Lauf stecken, man wird damit nach meiner Beobachtung bei der derzeitigen deutschen Entfernung niemals ein Subjekt glatt zur Strecke bringen. Man wird es höchstens verletzen. Ich bestehe deshalb darauf, dass diese wichtige Wortart so weit

to a position where it may be easily seen with the naked eye.

Thirdly, I would import some strong words from the English tongue – to swear with, and also to use in describing all sorts of vigorous things in a vigorous way.*

Fourthly, I would reorganise the sexes, and distribute them according to the will of the Creator. This as a tribute of respect, if nothing else.

Fifthly, I would do away with those great long compounded words; or require the speaker to deliver them in sections, with intermissions for refreshments. To wholly do away with them would be best, for ideas are more easily received and digested when they come one at a time than when they come in bulk. Intellectual food is like any other; it is pleasanter and more beneficial to take it with a spoon than with a shovel.

---

* *"Verdammt,"* and its variations and enlargements, are words which have plenty of meaning, but the *sounds* are so mild and ineffectual that German ladies can use them without sin. German ladies who could not be induced to commit a sin by any persuasion or compulsion, promptly rip out one of these harmless little words when they tear their dresses or don't like the soup. It sounds about as wicked as our "My gracious." German ladies are constantly saying, "Ach! Gott!" "Mein Gott!" "Gott in Himmel!" "Herr Gott" "Der Herr Jesus!" etc. They think our ladies have the same custom, perhaps; for I once heard a gentle and lovely old German lady say to a sweet young American girl: "The two languages are so alike – how pleasant that is; we say 'Ach! Gott!' you say 'Goddam.'"

vorgezogen wird, dass man sie mit dem bloßen Auge leicht erkennen kann.

Drittens würde ich einige kraftvolle Wörter aus dem Englischen importieren, um damit zu fluchen oder verschiedene handfeste Dinge handfest zu bezeichnen.*

Viertens würde ich die Geschlechter neu ordnen und sie entsprechend dem Willen unseres Schöpfers verteilen. Das wäre ein Zeichen der Ehrfurcht, wenn schon nichts anderes.

Fünftens würde ich diese ellenlangen Komposita abschaffen oder den Sprecher auffordern, sie abschnittsweise vorzutragen, mit kleinen Erfrischungspausen. Sie ganz zu beseitigen wäre aber das sinnvollste, denn Gedanken werden besser aufgenommen und verdaut, wenn sie einer nach dem anderen daherkommen und nicht haufenweise. Mit geistiger Nahrung ist es wie mit jeder anderen: Es ist leichter und bekömmlicher, sie mit einem Löffel zu sich zu nehmen als mit einer Schaufel.

---

* «*Verdammt*» und seine Abwandlungen und Erweiterungen sind Wörter, in denen viel Bedeutung steckt, die aber so zahm und schwächlich *klingen*, dass deutsche Damen sie benutzen können, ohne sich zu versündigen. Deutsche Damen, die weder Zwang noch gute Worte dazu bringen könnten, eine Sünde zu begehen, stoßen jedes Mal eins dieser harmlosen Wörtchen aus, wenn ihr Kleid einen Riss bekommt oder ihnen die Suppe nicht schmeckt. Das klingt ungefähr so verrucht wie unser *My gracious*. Deutsche Damen sagen fortwährend: «Ach Gott!», «Mein Gott!», «Gott im Himmel!», «Herr Gott!», «Herr Jesus!», usw. Sie glauben möglicherweise, dass unsere Damen dieselbe Angewohnheit haben, denn ich hörte einmal eine liebe, reizende alte deutsche Dame zu einem netten jungen amerikanischen Mädchen sagen: «Unsere Sprachen sind sich ja so ähnlich. Wie schön! Wir sagen ‹Ach Gott!› und ihr sagt *Goddam*.»

Sixthly, I would require a speaker to stop when he is done, and not hang a string of those useless "haben sind gewesen gehabt haben geworden seins" to the end of his oration. This sort of gewgaws undignify a speech, instead of adding a grace. They are, therefore, an offense, and should be discarded.

Seventhly, I would discard the Parenthesis. Also the re-parenthesis, the re-reparenthesis, and the re-re-re-re-re-reparentheses, and likewise the final wide-reaching all-enclosing king-parenthesis. I would require every individual, be he high or low, to unfold a plain straightforward tale, or else coil it and sit on it and hold his peace. Infractions of this law should be punishable with death.

And eighthly, and last, I would retain *Zug* and *Schlag,* with their pendants, and discard the rest of the vocabulary. This would simplify the language.

I have now named what I regard as the most necessary and important changes. These are perhaps all I could be expected to name for nothing; but there are other suggestions which I can and will make in case my proposed application shall result in my being formally employed by the government in the work of reforming the language.

My philological studies have satisfied me that a gifted person ought to learn English (barring spelling and pronouncing) in thirty hours, French in

Sechstens würde ich von einem Sprecher verlangen, dass er aufhört, wenn er fertig ist, und nicht noch einen Schwanz dieser nutzlosen «haben sind gewesen gehabt haben geworden sein» an seinen Vortrag anhängt. Kinkerlitzchen dieser Art berauben eine Rede ihrer Würde, anstatt ihr Eleganz zu verleihen. Sie sind ein Ärgernis und sollten deshalb abgeschafft werden.

Siebtens würde ich die Parenthese abschaffen, ebenso wie die Unterparenthese, die Unter-Unterparenthese und die Unter-Unter-Unter-Unterparenthese sowie die abschließende, weitgespannte, allumfassende Oberparenthese. Ich würde von jedermann, welchen Standes er auch sei, verlangen, dass er seine Geschichte einfach und geradlinig erzählt; andernfalls soll er sie zusammenrollen, sich darauf setzen und den Mund halten. Auf Zuwiderhandlung stünde die Todesstrafe.

Achtens und letztens würde ich *Zug* und *Schlag* mit allen ihren Anhängseln beibehalten und den übrigen Wortschatz wegwerfen. Das würde die Sprache vereinfachen.

Ich habe nun die Änderungen benannt, die ich für besonders dringend und wichtig halte. Sie sind ungefähr alles, was ich bereit bin, kostenlos zu benennen. Aber es gibt noch weitere Vorschläge, die ich machen kann und werde, falls die Bewerbung, die ich einzureichen beabsichtige, dazu führt, dass die Regierung mir förmlich die Aufgabe überträgt, die Sprache zu reformieren.

Meine philologischen Studien haben mich davon überzeugt, dass ein begabter Mensch die englische Sprache (Rechtschreibung und Aussprache ausgenommen) in drei-

thirty days, and German in thirty years. It seems manifest, then, that the latter tongue ought to be trimmed down and repaired. If it is to remain as it is, it ought to be gently and reverently set aside among the dead languages, for only the dead have time to learn it.

Gentlemen: Since I arrived, a month ago, in this old wonderland, this vast garden of Germany, my English tongue has so often proved a useless piece of baggage to me, and so troublesome to carry around, in a country where they haven't the checking system for luggage, that I finally set to work, and learned the German language. Also! Es freut mich dass dies so ist, denn es muss, in ein hauptsächlich degree, höflich sein, dass man auf ein occasion like this, sein Rede in die Sprache des Landes worin he boards, aussprechen soll. Dafür habe ich, aus reinische Verlegenheit – no, Vergangenheit – no, I mean Höflichkeit – aus reinische Höflichkeit habe ich resolved to tackle this business in the German language, um Gottes willen! Also! Sie müssen so freundlich sein, und verzeih mich die interlarding

ßig Stunden erlernen kann, Französisch in dreißig Tagen und Deutsch in dreißig Jahren. Es liegt also auf der Hand, dass letztere Sprache vereinfacht und verbessert werden muss. Wenn sie so bleibt, wie sie ist, sollte man sie behutsam und ehrfürchtig zu den toten Sprachen tun, denn nur die Toten haben die Zeit, sie zu erlernen.

REDE IN DEUTSCHER SPRACHE, GEHALTEN VOM AUTOR DIESES BUCHES BEI EINEM FESTESSEN DES ANGLOAMERIKANISCHEN STUDENTENKLUBS ANLÄSSLICH DES 4. JULI

Meine Herren!
Seit meiner Ankunft vor einem Monat in diesem alten Wunderland, diesem weiten Garten Deutschland, hat sich meine englische Sprache so oft als nutzloses Gepäck erwiesen, und in einem Land, in dem man Gepäck nicht aufgeben kann, war es so mühsam, sie herumzuschleppen, dass ich mich schließlich vergangene Woche daranmachte, die deutsche Sprache zu erlernen. Also! Es freut mich dass dies so ist, denn es muss, in ein hauptsächlich Maß, höflich sein, dass man auf *ein Anlass wie diesem*, sein Rede in die Sprache des Landes worin *er wohnt*, aussprechen soll. Dafür habe ich, aus reinische Verlegenheit – nein, Vergangenheit – nein, ich meine Höflichkeit – aus reinische Höflichkeit *habe ich mich entschlossen, diese Aufgabe auf Deutsch anzupacken*, um Gottes willen! Also! Sie müssen so freundlich sein, und verzeih mich den *Einschub*

165

von ein oder zwei Englischer Worte, hie und da, denn ich finde dass die deutsche is not a very copious language, and so when you've really got anything to say, you've got to draw on a language that can stand the strain.

Wenn aber man kann nicht meinem Rede verstehen, so werde ich ihm später dasselbe übersetz, wenn er solche Dienst verlangen wollen haben werden sollen sein hätte. (I don't know what wollen haben werden sollen sein hätte means, but I notice they always put it at the end of a German sentence – merely for general literary gorgeousness, I suppose.)

This is a great and justly honored day – a day which is worthy of the veneration in which it is held by the true patriots of all climes and nationalities – a day which offers a fruitful theme for thought and speech; und meinem Freunde – no, mein*en* Freund*en* – mein*es* Freund*es* – well, take your choice, they're all the same price; I don't know which one is right – also! ich habe gehabt haben worden gewesen sein, as Goethe says in his Paradise Lost – ich – ich – that is to say – ich – but let us change cars.

Also! Die Anblick so viele Grossbritannischer und Amerikanischer hier zusammengetroffen in Bruderliche concord, ist zwar a welcome and inspiriting spectacle. And what has moved you to it? Can the terse German tongue rise to the expression of this impulse? Is it Freundschaftsbezeigungenstadtverordneten-

von ein oder zwei Englischer Worte, hie und da, denn ich finde, dass das Deutsche *keine sehr umfangreiche Sprache ist, und wenn man wirklich etwas zu sagen hat, dann muss man eine Sprache benutzen, die diese Belastung aushält.*

Wenn aber man kann nicht meinem Rede verstehen, so werde ich ihm später dasselbe übersetz, wenn er solche Dienst verlangen wollen haben werden sollen sein hätte. (*Ich weiß nicht, was wollen haben werden sollen sein hätte bedeutet, aber ich habe bemerkt, dass man es immer ans Ende eines deutschen Satzes stellt – vermutlich einfach um der stilistischen Prachtentfaltung willen.*)

Dies ist ein großer und zu Recht gefeierter Tag – ein Tag, der die Verehrung verdient, die ihm von den wahren Patrioten aller Klimazonen und Nationalitäten erwiesen wird – ein Tag, der ein ergiebiges Thema für Reflexion und Rede darstellt; und meinem Freunde, – nein, meinen Freunden, – meines Freundes, – *ach, sucht es euch aus, sie kosten alle dasselbe; ich habe keine Ahnung, welches richtig ist,* – also! ich habe gehabt haben worden gewesen sein, wie Goethe *in seinem ‹Verlorenen Paradies› sagt* – ich – ich – *das heißt* – ich – *aber lasst uns hier umsteigen.*

Also! Die Anblick von so viele Grossbritannischer und Amerikanischer hier zusammengetroffen in Bruderliche Eintracht, ist zwar *ein willkommener und erfreulicher Anblick. Und was hat euch dazu bewogen? Vermag die schwerfällige deutsche Zunge diesem Impuls Ausdruck zu verleihen? Ist es* Freundschaftsbezeigungenstadtverord-

versammlungenfamilieneigentümlichkeiten? Nein,
o nein! This is a crisp and noble word, but it fails to
pierce the marrow of the impulse which has gathered
this friendly meeting and produced diese Anblick –
eine Anblick welche ist gut zu sehen – gut für die Augen in a foreign land and a far country – eine Anblick
solche als in die gewöhnliche Heidelberger phrase
nennt man ein "schönes Aussicht!" Ja, freilich natürlich wahrscheinlich ebensowohl! Also! Die Aussicht
auf dem Königsstuhl mehr grösserer ist, aber geistliche sprechend nicht so schön, lob' Gott! Because sie
sind hier zusammengetroffen, in Bruderlichem concord, ein grossen Tag zu feiern, whose high benefits
were not for one land and one locality, but have conferred a measure of good upon all lands that know liberty today, and love it. Hundert Jahre vorüber, waren
die Engländer und die Amerikaner Feinde; aber heut
sind sie herzlichen Freunde, Gott sei Dank! May
this good fellowship endure; may these banners here
blended in amity so remain; may they never any more
wave over opposing hosts, or be stained with blood
which was kindred, is kindred, and always will be kindred, until a line drawn upon a map shall be able to
say: "*This* bars the ancestral blood from flowing in
the veins of the descendant!"

netenversammlungenfamilieneigentümlichkeiten? Nein,
o nein! *Dies ist zwar ein prägnantes und edles Wort, aber
es vermag nicht ins Innerste des Impulses vorzudringen,
der dieses freundliche Treffen zusammengeführt und* diesen Anblick *geschaffen hat* – einen Anblick welche ist gut
zu sehen – gut für die Augen *in der Fremde und in einem
fernen Land* – eine Anblick solche als in die gewöhnliche
Heidelberger *Ausdruck* nennt man ein «schönes Aussicht!»
Ja, freilich natürlich wahrscheinlich ebensowohl! Also!
Die Aussicht auf dem Königsstuhl mehr grösserer ist, aber
geistliche sprechend nicht so schön, lob' Gott! *Denn* sie sind
hier zusammengetroffen, in Bruderlichem *Eintracht*, einen
grossen Tag zu feiern, *dessen hoher Gewinn nicht allein
einem Land und einem Ort zugutekommt, sondern der allen Ländern viel Gutes gebracht hat, die sich heute der Freiheit erfreuen und sie lieben.* Hundert Jahre vorüber, waren
die Engländer und die Amerikaner Feinde, aber heut sind
sie herzlichen Freunde, Gott sei Dank! *Möge diese freund-
schaftliche Verbundenheit von langer Dauer sein; mögen
diese Fahnen hier so einträchtig beieinanderbleiben und
nie wieder über feindlichen Heeren wehen oder mit Blut
befleckt werden, das verwandt war, verwandt ist und verwandt bleiben wird, bis eine Linie auf einer Landkarte zu
sagen vermag:* «Dies *hindert das Blut der Vorväter daran,
in den Adern der Nachkömmlinge zu fließen!*»

NACHWORT

Dieser Band stellt eine kleine Auswahl aus Mark Twains
Buch ‹A Tramp Abroad› dar, dem teilweise fiktiven, häufig
burlesken Bericht einer Reise durch einige Länder Europas
im Jahr 1878. Der englische Text folgt weitgehend dem der
amerikanischen Erstausgabe von 1880, die in der Reihe der
Penguin Classics (Harmondsworth 1997) vorliegt. Stellenweise sind behutsame Änderungen vorgenommen worden,
die vor allem veraltete Schreibweisen des Deutschen betreffen.

Mark Twain präsentiert sich in ‹A Tramp Abroad› selbstironisch als abenteuerlustigen Entdecker, der sich vorgenommen hat, die Alte Welt zu Fuß zu durchstreifen,
dann aber jede Gelegenheit wahrnimmt, um auf bequemere
Weise voranzukommen, und dessen Entdeckungen sich
nicht selten als Altbekanntes erweisen. Der vorliegende
Band beruht auf den ersten, Deutschland betreffenden Ka-
piteln von ‹A Tramp Abroad› und lässt aus Platzgründen
die späteren, nicht minder unterhaltsamen Schilderungen
seiner Streifzüge durch Österreich und die Schweiz sowie
Teile Italiens aus.

‹A Tramp Abroad› ist eine locker verknüpfte Folge von
Reiseerlebnissen, die sich immer wieder mit Anekdoten und
kleinen Erzählungen abwechseln. Diese Textauswahl kon-
zentriert sich demgegenüber auf Beschreibungen einzel-
ner Orte und Landschaften wie Heidelberg, Neckar und

Schwarzwald, aber stellenweise scheint Mark Twains Lust am humorvollen, zur Übertreibung neigenden Fabulieren durch, zum Beispiel in der Episode, in der er von seiner Begegnung mit einem Raben erzählt, der sich über ihn lustig macht. Die komische, oft satirische Zuspitzung, deren sich Mark Twain gerne bedient, kommt besonders in dem berühmt gewordenen Essay über ‹Die schreckliche deutsche Sprache› zur Geltung. Er nimmt sich darin ganz ernsthaft die grammatikalischen Schwierigkeiten des Deutschen vor, die einen Ausländer zur Verzweiflung treiben können, überspitzt dann aber seine Sprachkritik mit immer absurderen und zugleich höchst amüsanten Beispielen, um sich am Ende als derjenige anzubieten, der bei angemessener Entlohnung bereit wäre, das Deutsche zu reformieren und im Interesse derer, die es erlernen wollen, zu vereinfachen.

Andere satirische Spitzen richten sich gegen Richard Wagners Opern, das deutsche Bürgertum oder auch die Hochnäsigkeit des Personals in den Kurhallen von Baden-Baden. Dem stehen liebevolle, romantische Vignetten etwa des Heidelberger Schlosses oder der Landschaft längs des Neckar mit ihren Burgen gegenüber. Die Schilderungen des Heidelberger Studentenlebens schwanken zwischen freundlichem Interesse und mildem Spott. Überhaupt charakterisiert es Mark Twains Buch und die hier vorgestellte Auswahl, wie Tonlage und Sichtweise sich beständig ändern. Im Kleinen zeigt sich darin die ganze Vielfalt des Werks von Mark Twain.

Der Reisende Mark Twain ist ein subjektiver Beobach-

ter, der sich besonders für alles Romantische und Kuriose interessiert, aber nebenbei erhält der heutige Leser einige Eindrücke von einem vor- oder frühindustriellen Deutschland, in dem das Leben noch geruhsam verläuft. Die Floßfahrt Mark Twains und seiner Begleiter auf dem Neckar ist dafür ein passendes Bild.

Oktober 2018
Harald Raykowski

INHALT